U0131920

细读与领悟

You Are
What
You
Read

如何真正读懂一本文学书

A Practical Guide
to Reading Well

［美］罗伯特·迪亚尼　著
Robert DiYanni

黄晟昱　译

天 地 出 版 社 | TIANDI PRESS

图书在版编目（CIP）数据

细读与领悟：如何真正读懂一本文学书 /（美）罗伯特·迪亚尼著；黄晟昱译. — 成都：天地出版社，2023.9
ISBN 978-7-5455-7484-5

Ⅰ.①细… Ⅱ.①罗… ②黄… Ⅲ.①读书方法
Ⅳ.① G792

中国国家版本馆CIP数据核字（2023）第020747号

You Are What You Read: A Practical Guide to Reading Well by Robert DiYanni
Copyright © 2021 by Princeton University Press

著作权登记号　图字：21-2023-055

XIDU YU LINGWU: RUHE ZHENZHENG DUDONG YIBEN WENXUESHU

细读与领悟：如何真正读懂一本文学书

出 品 人	杨　政
作　　者	[美] 罗伯特·迪亚尼
译　　者	黄晟昱
责任编辑	龚风光　曹志杰
封面设计	林　林
内文排版	胡凤翼
责任印制	王学锋

出版发行　天地出版社
　　　　　（成都市锦江区三色路238号　邮政编码：610023）
　　　　　（北京市方庄芳群园3区3号　邮政编码：100078）
网　　址　http://www.tiandiph.com
电子邮箱　tianditg@163.com
经　　销　新华文轩出版传媒股份有限公司

印　　刷	天津光之彩印刷有限公司
版　　次	2023年9月第1版
印　　次	2023年9月第1次印刷
开　　本	880mm×1230mm　1/32
印　　张	10
字　　数	216千字
定　　价	68.00元
书　　号	ISBN 978-7-5455-7484-5

咨询电话：(028) 86361282（总编室）
购书热线：(010) 67693207（营销中心）

如有印装错误，请与本社联系调换。

献给热爱阅读的露丝和凯拉·露丝

书与阅读可以改变一个人的生活。我就是活生生的证据。

——肖恩·康纳利

目 录

第二部分
阅读实践

第三部分
阅读的乐趣与意义

前　言

大家可以照字面意思来理解本书的书名。我们阅读什么，就成为什么样的人。每个人都是独一无二的，都拥有无限的潜能。吃得好，你会更健康；锻炼得当，你会更强壮；进行高质量的阅读，你会……怎么样呢？变得更聪明？有可能。变得更加博闻强识？必定会。不过，本书不是关于这些内容的。本书认为，通过高质量的阅读，你会更有生机和活力。

高质量的阅读能唤醒心灵、开阔眼界。它提供了内心体验的广阔领域，远远超越了日常生活。通过高质量的阅读，你还是你自己，但会成为一个更好的、更有趣的自己。

本书旨在提供各种各样的方法，帮助读者获得备感满足的阅读体验——特别是阅读文学作品。这些策略可以让读者在阅读文本时，获得发人深省的体验和情感共鸣。本书赞美阅读对学习和生活的价值，提供了丰富阅读实践和增加阅读乐趣的多种方法。

这不是一本理论书，而是一本具有实用性的书，其目的是提高读者对文学的理解力和鉴赏力，是为任何有兴趣从阅读和生活中汲取更多营养的读者而写的。本书的正文章节对理论做了简要的讨论，阐明了阅读能给我们带来的益处。我在书中适度给出了一些理论，帮助大家提高文学鉴别力、加深对文学的理解以及享受文学阅读的乐趣。

我的主要观点是，充满信心地、有技巧地阅读可以提高我们的生活水平，帮助我们更全面地享受生活。这种享受来自我们的观察力和深度思考能力的提高。简言之，我相信我们可以通过阅读获得更好的生活。

我们在阅读时有多重目标：获取信息、享受生活、自我满足与自我提升；接受指导、娱乐，寻求感动和激励。我们阅读是为了理解和欣赏、成长和发展。本书尝试帮助读者实现这些目标。

阅读的益处在今天尤为重要，因为这是一个我们都面临着复杂挑战的时代：经济动荡结合了令人恐惧的、不确定的、不清楚的事情。从新型冠状病毒感染（Covid-19）大流行到气候变化，这些令人不安的现实，反映在最近和正在发生的一系列灾难中。极端天气引发了持续时间更长的干旱，以及更猛烈、更具破坏性的火灾和洪水；从大规模移民和失业造成的全球政治及经济危机，到压力和焦虑激增、教育和社会服务发生剧烈动荡等个人和社会问题，所有这些，在新冠肺炎危机及其伴随的不可避免的变化的影响下加剧恶化。

有技巧的、有信心的甚至带有技能专长的高质量阅读,比以往任何时候都重要。带着理解和愉悦的心情阅读文学作品,可以帮助我们在生活中的无数混乱状况中找到正确的方向。阅读并不能解决生活中越来越棘手的问题,但它可以向人们提供解决问题和缓解问题恶化的观点。高质量的阅读可以帮助我们更好地理解共同面临的挑战,减轻我们所承受的痛苦和折磨。阅读也可以让我们暂时忘掉生活中的这些问题。

学习如何高质量地阅读,其价值在于阅读能给我们带来各种乐趣和知识,能扩充我们对生活的想象力。学习如何高质量地阅读并享受更好的阅读,并不像大多数人认为的那么难。本书在每一章中都推荐了一些方法,以帮助我们实现这个看上去雄心勃勃的目标。每一种方法都说明了阅读能够提高我们对生活的鉴赏力。

总而言之,本书分六章提出了一套相互关联、相辅相成的阅读策略。

第一章聚焦于“倾听”,认为把寻找文本意义放在**首要**位置所产出的价值,要远远低于不去寻找“意义”而去问文本**说**了什么、**暗示**了什么、**展示**了什么以及**做**了什么。

第二章提出并回答了两个问题:文本讲述了什么真理?为了这些文本中的真理,我们应该如何阅读?

第三章和第四章展示了我们如何有效且愉快地阅读非虚构作品和虚构作品。

第五章结合一些理论将阅读的实际应用置于具体情境之中，通过分析那些推动文学阅读并使其更有趣的辩证力量，探讨了充满矛盾的阅读乐趣。

第六章揭示了阅读文学作品对生活更有价值，这一章和第五章一起概括了这本书的主题，强调了阅读和生活密切相关。

在文末简短的终章部分，我向大家推荐了九条阅读法则，可以改善读者的阅读体验。附录A和附录B分析指出了纸质阅读和数字阅读的优缺点，并就阅读内容和原因提出了建议。

本书参与到这场与过去和现在的作家及读者的长期对话之中。阅读文学让我们有机会接触构成这场对话的众多声音。你可以在世界大战战火下的战壕里打趣，再一次体验初次坠入爱河（这一次可要把握住机会）的感觉，体验奴隶制的残酷，航行到月球或地球中心，深入人类的思想和心灵。

这种积极向上的、令人更加快乐和满足的对话已经持续了几千年。我邀请你作为一个读者加入进来，带上你的思想、感受、想法以及个人价值观，在谈话中找到你的位置，如此，高质量的阅读方能帮助你获得更充实、更有意义的生活。

第一部分

阅读方法

第一章
阅读与提问

文本说了什么、做了什么、展示了什么、暗示了什么

如何说、如何做、如何展示、如何暗示

当我们追求更深刻地理解我们的生活和我们生活在其中的世界时，阅读便会调动我们的思想和求知欲。

——帕特·C. 霍伊 II

读者在阅读文学和其他具有挑战性的文本时，会考虑到一个重要的问题，那就是："该文本的意义是什么？"这是一个常见的问题，毫无疑问它会引发深思。我不准备摒弃这个问题，但我认为，我们应该考虑这个问题在文学理解上的局限性，尤其是它会影响读者享受文学。为了富有成效地思考意义的问题，我们需

要延迟对它的思考，并且要把它放在其他文本的情境性下思考，重新建构它。为了意义而阅读固然很重要，但是不应该由它来驱动我们的阅读实践并限制我们的阅读意向。

围绕我们所读的文本，我们还可以问什么其他问题？在我们延迟追问文本意义的同时，我们还能考虑些什么呢？虽然把握文本的意义可能是我们阅读的最终目标，但这并不意味着我们应该从文本意义的问题开始。其他的问题也可以带领我们进入、围绕以及通过文本——尤其是文学作品——增加阅读乐趣和对文本的理解。

我们对文本提出的问题，反映了我们对于文本理解和阐释的一些基本假设。我们的问题决定了我们可以选取的阅读方向。我们的问题决定了我们能从文本看到什么以及对于文本的看法。这些问题，深刻地影响着我们如何认识与理解文本。改变我们的问题既改变了我们对文本——尤其是文学文本——的理解，也改变了文本对于我们的价值。

首先，让我们来考察一下14世纪日本作家吉田兼好（Yoshida Kenko）的一篇短篇散文。吉田兼好是一位佛教僧侣，他最为著名的作品是《徒然草》（*Essays in Idleness*），是日本文学作品中受到最多研究的作品，至今仍然是日本高中课程的重要内容。和吉田兼好的所有散文一样，下面引用的散文标题也含有一个数字。

第一百八十九段

今日，欲行某事，而有紧急事务突至，受困于此，一日不得余闲。所盼之人因事不能至，而未盼之客无约而至。所盼之事，未能如愿；无预之事，进展顺利。应受阻之事，一路畅通；应无阻之事，一路荆棘。日复一日，事事未必能如我所预料；年复一年，亦是如此；终其一生，亦是如此。若笃定事事不尽如人意，总有若干事如我所愿。难言事事皆有定论。唯不确定为唯一之确定。

Essay 189

You may intend to do something today, only for pressing business to come up unexpectedly and take up all of your attention the rest of the day. Or a person you have been expecting is prevented from coming, or someone you hadn't expected comes calling. The thing you have counted on goes amiss, and the thing you had no hopes for is the only one to succeed. A matter which promised to be a nuisance passes off smoothly, and a matter which should have been easy proves a great hardship. Our daily experiences bear no resemblance to what we had anticipated. This is true throughout the year, and equally true for our entire lives. But if we decide that everything is bound to go contrary to our anticipations, we discover that naturally there are also some things which do not contradict expectations. This makes it all the harder to be definite about anything. The one thing you can be certain of is the truth that all is uncertainty.

　　吉田兼好没有说明这篇散文是关于什么的，他让我们自己来决定。他把我们引向散文的主题，而不事先说明。反之，如果我们直接投入文本给出的一些情况中，那我们本来的计划就被打破了。最终，吉田兼好在文末陈述了自己的主张：唯不确定为唯一之确定。

　　他是如何掌握这个主题的？他是怎么带领我们按照他的思路去思考的？他是如何让我们与他一起思考的？他带给我们的阅读体验是归纳性的，通过这样的做法，他实现了上述目的。吉田兼好提供了一些例子，却没有告诉读者这些例子说明的观点。

　　他还用直接的方式吸引我们的注意力。吉田兼好开篇直接与读者对话。他非常自然甚至有些随意地与我们讲话，在文章的前三句话中，"you"和"your"出现了六次。第四句话没有使用任何代词，这句话充当连接上下文的铰链，是这个段落的支点。从这句话开始，整段话转向第一人称复数。吉田开始谈"our daily experiences""our entire lives"以及"our anticipations"，他还提到"we discover"。人称的这一转变，从个体转向了更大的群体，从特定的"you"转向了更普遍的"we"。

值得注意的还有，这篇散文篇幅简短，9 个句子组成一个自然段，总字数少于 175 个单词[1]。在如此有限的篇幅里，吉田兼好邀请我们去思考我们的生活是如何充满了偶然和意外的。他隐约地表达着计划如何被打乱、想要做的事如何变得曲折以及事情如何脱离了既定路线。不过，事情并不总是这样，就像他也提到，有一些事情会按照我们希望或期待的方式展开。吉田兼好提醒我们：我们不知道也不会知道，哪些事情会实现，而哪些事情不会。因为存在着不确定性，它毁掉了事情的确信性。

尽管吉田兼好使用了一些例子，这篇散文仍然有着相当高的普遍性。那种面对面说话的语气以及轻松的文笔，与那些保持着概括性的、非特指的陈述句在文中和谐共存。吉田兼好没有告诉我们任何他自己的个人经历，相反，他让我们更广泛地思考不确定性以及我们无力控制的事情。吉田兼好含蓄地邀请我们将他的普遍性主张应用到自己的经历上。我们反省自己遇到的情况，证明、解释他的主张，有时也可能提出疑问。

体　裁

当我们遇到一段文本时，我们需要问一个问题，那就是这段

1　原文仅有 168 个单词，译文也仅有 143 个汉字。——编者注

文本是哪种类型？即我们眼睛看到的（或耳朵听到的）这段文本是什么体裁呢？吉田兼好所写的这篇文字，篇幅虽然不长，但它清楚地表明这是一篇论说散文，是一系列经过深思熟虑的对于人类经验的论述。我们对散文的反应不同于我们对虚构作品、诗歌或戏剧的反应，而散文对我们的要求也不同于其他文学体裁的作品对我们的要求。

下面是另一段简短的散文文本，相较于吉田兼好那篇微型散文，这段文本的篇幅要简短得多。我们可以从这段文本仅有的两句话中了解到什么内容呢？

> 我吃了放在冰箱里的李子，它们大概是你留着当早餐吃的。请原谅，它们太可口了，那么甜，又那么凉。

这段文本似乎来自一张便条，它对吃李子这件事做了解释，向李子的主人做了不那么郑重的道歉。这可能是一张贴在冰箱门上的便条，因为它的文字有着平淡的口吻，寻求原谅的方式是开玩笑式的、调侃的，还透露出说话人吃李子时所获得的乐趣，这些内容都在间接表明它可能是一张贴在冰箱门上的便条。但如果按照其作者威廉·卡洛斯·威廉斯（William Carlos Williams）发表它时所采用的方式重新排列它，会怎么样呢？

便 条

This Is Just to Say

我吃了	I have eaten
放在	the plums
冰箱里的	that were in
李子	the icebox
它们	and which
大概是你	you were probably
留着	saving
当早餐吃的	for breakfast
请原谅	Forgive me
它们太可口了	they were delicious
那么甜	so sweet
又那么凉	and so cold

　　我们阅读这段以诗歌的面貌呈现的文本所获得的阅读体验，与我们阅读上文那段非诗歌形式的道歉便条所获得的阅读体验有什么不同？在我们把这段文本按照威廉斯的诗歌形式排成一行行文字后，我们对这种变化的反应会是怎样的？看到这些句子从页面的一端跨到另一端时，我们把它们理解为日常生活中的便条；

而看到这些句子以诗歌的形式排列时，我们就会把它们理解为文学，以一种不同的方式去处理和**体会**它们。体裁的转变，改变了我们的态度和**看法**，即改变了我们理解当前所读文字的方式，改变了我们看待与应对这些文字的方式。文本体裁从便条到诗歌的转变，除了改变我们的态度和看法，还造成了更多的改变。

威廉斯的诗歌减缓了我们的阅读速度，它将我们的注意力聚焦在一些事实上——某个人当作早餐食用的李子被另一个人从冰箱里拿走，聚焦在对李子味道的描述以及吃掉它们的身体感受上。非诗歌形式的道歉便条中并非没有这些细节，但便条里的这些细节并没有像在威廉斯的诗歌中那样得到强调并引起我们的注意。

一旦我们把一段文本**当作**文学作品，我们就知道如何更好地看待它，如何处理它；知道对它提出什么问题，对它进行什么样的分析。我们知道这种关注能给我们带来什么样的回报。对体裁的了解指导着我们阅读文学作品，了解一段文本的体裁是理解它的关键。

当然，我们也可以将文学分析的方法应用到保险杠贴纸、购物清单、洗发水广告以及其他一些平凡无趣的文本上；但是，分析这些文本，其收益远远不如去分析马提雅尔（Martial）或蒲柏（Pope）所留下的警句、华兹华斯（Wordsworth）或狄金森（Dickinson）的抒情诗——更不用说那些更伟大的作品，比如，《希腊古瓮颂》（"Ode on a Grecian Urn"）、《暴风雨》（*The Tempest*）、《简·爱》（*Jane Eyre*）、《下一次将是烈火》（*The Fire*

Next Time）或《百年孤独》（*One Hundred Years of Solitude*）。为什么这么说呢？因为这些文学作品中的每一部所表达、描述、探究、启发、预示的都更为丰富、更为复杂，影响也更为深远。

语 境

除了体裁，我们还可以考察文本的语境，为文本提供其他的解读角度。我们可以探讨某段文本与作者其他作品之间的关系。比如《便条》（"This Is Just to Say"）这首诗中说话人吃李子的方式，与威廉斯其他诗歌作品之中说话人吃李子的方式相比如何？这些说话人吃李子的行为之间有何不同？我们还可以思考，威廉斯《致一位穷苦的老妇人》（"To a Poor Old Woman"）这首诗中的重点，与他《便条》这首诗中的重点有何不同？《致一位穷苦的老妇人》这首诗把我们的注意力引向了哪里？

致一位穷苦的老妇人	To a Poor Old Woman
她大口地吃着一个李子	munching a plum on
就站在街边，一个纸袋	the street a paper bag
装着若干李子，拿在手中	of them in her hand
李子的味道真好	They taste good to her

李子的味道	They taste good
真好。李子的味道	to her. They taste
真好	good to her
你能看得分明	You can see it by
她沉醉地品味	the way she gives herself
那吸吮过的	to the one half
一半的李子	sucked out in her hand
心得到安抚	Comforted
熟李子带来的慰藉	a solace of ripe plums
仿佛弥漫在四周	seeming to fill the air
李子的味道真好	They taste good to her

我们首先注意到，这首诗的标题是其开篇描述的一部分。它提供了一个观察的角度——对于这位可怜的老妇人，这些东西吃起来味道如何。我们可能会注意到，老妇人在吃这些李子时感受到了纯粹的喜悦和感官的愉悦。我们看到这些李子带给她安抚；我们感受到这些李子带给她慰藉。我们也注意到了威廉斯巧妙地处理诗句的末尾，每行诗句末尾的重点，从吃李子的老妇人（"她"）转移到了它们的"好"味道上，以及她在吃李子时所获得的特别的愉悦感上。全诗以重复的诗句结束，再次强调了这些

李子吃起来味道很好，唤起了读者联想到的一些事情，比如《便条》里面李子"甜"的味道和"凉"的触感。

我们也注意到——尤其是我们大声把这首诗读出来的时候——威廉斯把我们的注意力引向了这位可怜的老妇人如何吃李子——一次吸吮掉半个李子。整首诗向着两个关键词推进，这两个词使诗中的具体细节更加完美，它们就是"安抚"和"慰藉"，这两个抽象的词传达了老妇人吃李子时所获得的内心感受。

既相似又不同，既相互联系又有所区别。我们阅读相互关联的诗歌与其他体裁的文学作品，可以在语境中品读出一切。

现在，让我们稍微放慢脚步，来品读威廉斯的那首关于一辆红色手推车的著名诗歌。

红色手推车	The Red Wheelbarrow
好多东西倚放 在	so much depends upon
一辆红色手推 车	a red wheel barrow
光泽映着雨 水	glazed with rain water

| 白色小鸡在一 | beside the white |
| 旁 | chickens |

我们可能会问自己：这首诗歌与作者的其他诗歌有什么共同之处？虽然这个手推车里没有李子，《红色手推车》与威廉斯其他有关李子的诗歌是有一些相同特征的：日常的主题、朴素的语言、简短的诗句、缺少结尾韵。诗歌在页面上呈现出来的样貌以及视觉形态，指引着我们如何去阅读，这些诗歌的形式影响着我们如何去看、去听，如何去看待和理解它们。

当我们描述"红色手推车"时，最初我们不去思考这首诗的意思，这让我们不受限制地去注意它的声音和结构的模式［例如第五行与第七行的半谐音（glazed with rain；beside the white），用两行构成一小节：第一行包含三个单词，第二行只有一个双音节词］。我们再次去看、再次去听，就会注意到这些细节，我们可以发现模式、建立联系、提出问题、探讨作品体现的价值，以及对这首诗形成暂时性的理解。通过仔细考察，我们可以看到每一小节都呈现出一个小型手推车的样态。

这首诗另一个显著的特色是威廉斯断句并另起一行的行文方式。他把"在"从"倚放"处分开，这促使我们去想"是什么倚放"，以及"为什么倚放"？这个单词字面意思是"倚放在……上"，而这，就是"在"这个词在这首诗中做的事情——它挂在第一行下面。它挂在那里让我们去看，它挂在那里也让我们去思考。

在第二节与第三节诗中，威廉斯在"手推车"和"雨水"这两个词上断句。他为什么要那样做，那样做又带来什么样的效果呢？分成"手推"和"车"，可能是因为威廉斯要提醒我们（并帮助我们看到），车是由两个部件组成的物体——在"轮子"上的"手推车"。同样地，威廉斯向我们强调了一个事实，那就是，雨水确实是从天上落下的"雨""水"。通过在视觉上将一些单词呈现为分布在页面上的不同诗行，他达到了这样的效果。通过这样的分布，他引导我们去看这些单词，并注意这些单词指涉的东西。在这个过程中，我们既看到了这些单词，也重新看到了这些单词所描述的事物。

把一首诗歌放在其他诗歌的语境中去分析，这有助于我们能更好地看待和理解涉及的每首诗歌。除了将诗歌放在其他与之相关联的文学作品的语境中，我们也可以把它们放在作者的人生和出身背景的语境中去思考分析。

语境：人生与世界

一个有关威廉·卡洛斯·威廉斯的重要事实是，他的写作生涯扎根于他的工作中，他在新泽西州（New Jersey）的拉瑟福德（Rutherford）做儿科医生，工作非常忙，他没有很多时间可以放在写作上面。在问诊病人的间隙，他常常简单地记下笔记，随意写下一些诗句。虽然威廉斯确实写过一首篇幅较长的史诗《帕特森》(*Paterson*)，但是，他的全部作品很大程度上偏向于短篇故事、散文以及抒情诗。考虑到他所处的客观环境，这就不足为怪了。

除了作者本人的人生语境，我们还可以思考，作者的作品是如何反映、体现其生活，又或是如何联系了其所生活的更大的世界的。也就是说，我们还可以根据该作品创作时的文化氛围去分析任一文本。工作、生活以及世界的语境，让我们能够扩展与任一文本的关系，加深我们对作品含意的理解，并提升我们对作品价值的鉴赏力。我们可以把这三种语境性的关系想象成几个同心圆：由单个文本辐射到作者的全部作品、作者的生活以及背景等更大的语境之中。

我们可以用弗兰纳里·奥康纳（Flannery O'Connor）来举例说明，她的作品大部分是短篇小说，体现了一种讽刺性的视角，这种视角深植于南方哥特式小说的体裁、气质和精神之中。奥康纳的南方人身份为她提供了很多创作的原始材料，她用这些原始材料建构了自己故事的微妙背景，创造出了想象丰富的人物角色。奥康纳在佐治亚州（Georgia）的萨凡纳（Savannah）出生，成年后的大部分时间都生活在佐治亚州的米利奇维尔（Milledgeville）——美国内战前佐治亚州的州府。奥康纳在这里找到了她的专长，那就是描述南方地区的复杂。她的小说人物怪诞、暴力频发、讽刺猛烈、对话通俗，常常指向灾难中的喜剧性，同时，以富有想象力的、带有挑衅性的方式探讨道德问题。

奥康纳的罗马天主教信仰补充着她作为一个南方人的自我意识。她的宗教信仰为我们提供了一种探讨其小说的途径，不过，即使与她的信仰不同，我们也能欣赏她的小说。信仰并不是欣赏作品所必需的。

在她最著名的故事《好人难寻》（"A Good Man Is Hard to Find"）中，我们能看到她的宗教信仰所占的中心地位。在这个故事中，一名逃犯撞上了度假旅行的一家人。以下是它的第一段内容。

祖母不想去佛罗里达州（Florida），她要去东田纳西州（east Tennessee）拜访几位老熟人。于是她就抓住每个机会在贝利耳边念叨，想要改变他的想法。贝利与她一起生活，是她唯一的男孩。此时，贝利的屁股正搭坐在桌子旁的椅子边上，他把报纸的橙色体育版折过来看。"看啊，贝利，"她说，"看这里，你读一下这个。"她站在那里，一手叉在瘦削的臀部，另一只手把报纸戳到贝利光秃秃的脑门上。"有个家伙自称'不合时宜的人'，刚从联邦监狱逃狱，正逃往佛罗里达州，你再读读这里，他对这些人都做了些什么啊，你快读一读，我可不要把我的孩子带往逃犯去的地方，要不我的良心难安啊！"（137）[1]

故事背景设置在美国东南部。叙述者提到祖母的亲戚时用的词语[1]表明了祖母的地位感，暗示着她想象中的上流阶层。在提到她的儿子时，用到的表达是"她唯一的男孩"以及"与她一起生活"，叙述者向读者揭露了他们家里的一些居住安排以及她对儿子的娇纵。这个被称作"孩子"的成年男性还会在后面的故事中再次出现——这一家人后来在树林里发生了车祸，他们在那里遭遇了祖母的天敌——"不合时宜的人"，祖母听到树林里传来的枪声后，大声地喊道："贝利，我的孩子啊！"奥康纳向读者暗示了（但是没有确切地说出）"不合时宜的人"对这些人都做了什么事，这个"不合时宜的人"就是开篇祖母一边拿报纸戳儿子秃头，一边读到报纸上报道的那个逃犯。（注意每一个细节是如何暗示儿子以及母亲的性格的。这种描写很有效也很幽默，同时，也预兆式地构造出他们之后要遇到危险的第一条线索。）

祖母使用的词语[2]，滑稽地表明了她缺乏语言素养。这个词同样也揭露了她是如何操纵自己的儿子的：她试图用极不可能的可能性来吓唬他，说他们会在佛罗里达州那么大的州遭遇不幸。不过，当然了，这是弗兰纳里·奥康纳的短篇小说，所以我们猜想这一段预示着最终祖母会遭遇她害怕的事情——无论这种遭遇在日常生活中是多么不可能发生的。

1　原文所用单词为 connections，可表示"人脉""关系"等。——译者注

2　原文所用单词为 aloose。——译者注

在这个故事中，奥康纳融入了许多宗教元素。其中最重要的是"不合时宜的人"讲到自己的人生时的相关细节："在我的记忆里，我从来不是一个坏小孩……但有时候难免做错事，被送进监狱，我被活埋了。"（149）我们还可以从他对祖母说的话中了解到更多："你可以做这，也可以做那，杀死一个人或偷走他的轮胎，都一样，因为，早晚你会忘记自己所做的一切，只会为之受到惩罚。"（150）以及："我自称'不合时宜的人'……是因为我无法将我做的错事与我经受的惩罚对应起来……女士，你觉得这样对吗？——有人受到很严厉的惩罚，有人却完全没有受到惩罚？"（151）他把这些反思和问题都与耶稣联系起来，他说耶稣"让一切都失去平衡。对他来说是这样，对我来说也是这样，只是——他没有犯任何的罪"（151）。

"不合时宜的人"不知道耶稣是否真的是奇迹的创造者，是否真的是一个使死人复活，并使自己从死里复活的神圣的存在，为此他感到失望，这种失望让他得出自己的观点，那就是在人生中"没有快乐只有卑劣"（152），"生命中没有真正的快乐"（153）。"不合时宜的人"的逻辑帮助我们理解他的人生观——既是严酷的现实主义和坚定的非传统主义，同时也符合奥康纳的基督教神学范式。

通过把一部作品放在不同的语境下分析，包括分析它的体裁、作者的人生和出身背景，我们扩展了对作品的理解，也扩展了我们对于开始时提出的文学意义问题的理解。在某种意义上，

我们一直在质疑这个问题本身，测试它的局限性，探索由它演绎出的其他问题变体。

文本的意义、文本说了什么与做了什么

现在，让我们来关注最初那个问题的一些变体。我们除了问"这段文本的**意义**是什么？"，还可以问"这段文本**说了**什么？这段文本**做了**什么？"。第一个变体听上去很像关于"意义"的那个问题，我们可以用这个有关"**说**"的问题替代原始问题，把注意力集中在声音上，去关注说话人的语气以及语气所传达的态度。问一段文本**说了**什么，是在要求我们去听这段文本里的声音，而关注一段文本里的声音，可以培养我们对文本发出的声音的鉴赏力，特别是在我们大声朗读的时候。

我们为什么要这么做？

关注文本的听觉维度，优先关注它的声音，这让我们能够欣赏散文和诗歌的美妙声音，尤其是它们的韵律。培养听觉想象力，能够提高我们听出好作品的韵律、感受其脉搏的能力，从而增加我们的阅读乐趣。

我们改换一种方式，大声朗读能让作者听到自己散文中不恰当的地方，而这些是眼睛看不到的。耳朵能听到眼睛忽视的东西，耳朵又促使眼睛去看。大声朗读让作者和读者都能听到声音是如何塑造感觉的。

大声朗读还有其他的好处。读者必须要选择阅读时所采用的节奏和语调。他们必须选择用哪种精气神去朗读，这种精气神能够让单词、短语、句子和段落的韵律揭示出作品的思想框架。耳朵参与进来，在很大程度上能帮助读者和作者提高对语言的感知力，由此产生的技能有助于培养敏锐的阅读和有说服力的写作。

托马斯·纽柯克（Thomas Newkirk）为背诵文本的价值进行了有力的辩护。他认为，通过"背诵"来学习可以完成朗读所能完成的一切，甚至更多。牢记文本的内容，让这些内容可以很容易地被召唤和表达出来，这就承认了文本的价值——它们的思想、风格和美好。纽柯克建议，在背诵文本时，我们要以"忠诚和深深的敬意"宣誓"效忠"文本（*Slow Reading* 76）。这种敬意延伸至我们所背诵的文本的艺术性，这种艺术性反映在它们的风格和声音之中，而这得益于文本被我们听到。

我们还可以问最初那个问题的另一个变体，我们不问"这段文本**说**了什么？"，我们可以问"这段文本**做**了什么？"。

这个问题要求我们考虑写作技巧。它鼓励我们不仅要考察一段文本产生了什么影响，也要考察作者用怎样的方式塑造了这样的效果。我们在思考文本的**意义**之前考察它**做**了什么，这让我们有时间去考察文本的语言和形式，在它的词汇和意象、句法和结构，甚至是标点的目的和作用之间进行观察及联系。

比如说，在前面引用的一些威廉·卡洛斯·威廉斯的诗歌中，你一定已经注意到诗人省略了标点符号，他选择性地使用标点符号；我想，你一定也观察到了，在这些诗歌中，他运用大小写的方式不同——有时每行诗句的开头字母是大写，有时不是，句子开头大小写的不一致现象也表现出了某种相似性。如果我们一开始就没有注意到这些细节，那么，我们是无法理解这些细节的重要性的。我们去问一段文本"做"了什么可以促使我们注意到这些细节。当我们开始注意到这些细节时，我们才能去思考我们观察到的东西。

我们问一段文本**做**了什么，是在承认它的表达能力，承认它能激发感情，也能引发思考。这个问题鼓励我们注意文本如何感动和指导我们；这个问题将我们导向文本的情感共鸣以及认知意义。比如说，我们阅读《新约》（New Testament）里关于浪子回头的寓言，我们可以放慢阅读速度，重点关注那些主要书写人物情感的戏剧性情节。我们既可以通过理智的理解来关注文本，也可以通过情感的理解来关注文本，对文本细节所产生的强烈情感做出反应。

最初的那个主导问题以及它的两个变体，让我们能够从很多层面——个人的、私人化的，非个人的、公众的，情感的与主观的，理性的与分析的——参与到文本中。文本的**意义**是什么，文本**说**了什么、**做**了什么——这三个方面都要求我们严谨地审视文本的话语，然后对它们做出回应，将它们置于语境中以及体验它们的多种乐趣。

带着问题阅读

我们阅读时可以带着这样的问题：作者是如何选择措辞与句法、意象与例子、声音与意义、结构与概念含义的？我们还可以考虑一部作品的影响、假设与价值、体裁与形式、性质和目的等相关问题。而我们在阅读时思考的这些问题，应该有机地来源于我们对文本的体会，体会它提出的主张和证据，它的叙事、声音、语调、结构，还有它所做的阐述、论证以及其他一些特征。

我们对文本的问题促使我们更深入、更广泛地思考文本本身。我们的问题鼓励分析和鉴赏，并邀请我们去探索文本是如何激发我们的感受和思想的。到目前为止，我们考虑的这三种问题都是暗示性的，而不是包罗万象的。它们帮助我们以探究和探索的精神愉快地对待文学作品，而不寻求对文本意义的单一、绝对、不可更改的以及最权威的解释性答案。

然而，对一段文本的所有阐释并不都是同样有效、同样具有说服力或同样有用的。有些阐释比其他阐释更有说服力，有些阐释则更有趣、更优雅。我们运用一系列关于文本的问题，去考虑文本的外部阐释维度——我们的感受和非认知的反应，这可能会导致我们得到更为细致的阐释。拓宽我们对文本的提问范围，不但有助于我们更多地了解其中的内容，还能激发出回报更高的阅读体验。

在我们回归到最初的问题（"这段文本的意义是什么？"）之前，我们还可以考虑另外两个变体问题："这段文本**展示了什么**？"［或者"这段文本**揭示（与隐藏）了什么**？"］"这段文本**暗示了什么**？"每一个问题都将引导我们以其他的方式阅读文本；当然，它们最终还是会将我们带回对文本意义的思考上。从本质上来说，当我们在探索"文本-意义"问题的四个变体问题（**说了什么、做了什么、展示了什么、暗示了什么**）时，我们扩大了所谓文本"意义"的意义。

那么，文本"展示了"什么？文本避免甚至拒绝展示了什么？它揭示了多少，又揭示了什么，它可能还隐藏了什么内容？我们问这些相关的问题，就要求我们去分析文本的隐含意义，即文本没有直截了当陈述的话、没有直接说出来的话。思考文本"展示"了什么，能够突出强调这段文本的视觉品质、画面、场景以及它的描述方式。"展示，不要讲述"——这是给作家们提出的经典建议，它引导读者去看到文本展示的内容而不是它说的内容，看到它描绘出的内容而不是它解释的内容。很多文本既展示又讲述。它们讲述的东西有可能与它们展示的东西相冲突。擅长解构主义的评论家提供了一些恰当的例子来说明文本内部是如何发生冲突、如何自相矛盾的，以及文本如何因为分歧、矛盾以及展示与讲述格格不入而削弱和破坏自身的。更传统一些的评论家，比如说形式主义批评家，他们会仔细研究文本展示的内容与没有展示的内容，他们会观察文本展示的内容是否与其讲述的内容相冲突——如果它们明显讲述了什么内容的话。

文学作品从其本质上说，不是在解释而是在暗示；它们隐含主张，而不是大胆直接地陈述自己的主张。然而，这种广泛的概括并不意味着文学作品没有直接陈述。文学作品可能包含着大量的直接叙述而暗示较少（例如全知叙述作品），这取决于它们是什么时候、由谁创作的。但是，无论一部作品的展示与讲述的比例有多大，总有一些东西需要读者去解读。因此，我们提出这样一个问题："文本暗示了什么？"以此作为一种处理文学阐释的方式，作为一种开始思考文本隐含意义的方式。文本暗示的内容常常会引起我们极大的兴趣。我们对文本隐含意义的搜寻考验我们的分析能力。在考察文本暗示了什么的过程中，我们也在理解文本。我们考察文本隐含意义的主要方法是仔细观察文本的语言和细节。

让我们来读一读一部长期流行的小说——简·奥斯汀（Jane Austen）《傲慢与偏见》（*Pride and Prejudice*）的开篇段落。关于这个开头，我们注意到了什么？——奥斯汀把我们的注意力引向了何方？在这段著名的开头里，奥斯汀**说**了什么？**做**了什么？**展示**了什么？**暗示**了什么？

凡是富有的单身男子总是需要一个妻子，这是一条举世公认的真理。这样的单身男子，在他初次到达一个新地方时，邻居们对他的感受或对他的观点虽然知之甚少，但是，这一真理已在他们的脑海中根深蒂固，人们会把他看作是他们某个女儿理应拥有的财产。

"亲爱的贝内特先生，"有一天，贝内特先生的太太对他说，"你听说尼日斐花园终于租出去了吗？"

贝内特先生回答说自己没有听说。

"但是那里的确租出去了，"她回应道，"朗太太刚刚来过，她都告诉我了。"

贝内特先生没有回答。

"难道你不想知道是谁租的吗？"他的妻子不耐烦地大声嚷道。

"你想告诉我，我就听听，无异议。"这就足够让她说下去了。

"怎么会呢，亲爱的，你一定要知道。朗太太说，尼日斐花园被一个从英格兰北部来的非常富有的年轻人租下来了；还说，他是在星期一坐一辆四轮马车过来这边看看的，他非常满意，当场就和莫里斯先生谈好了；他会在'米迦勒节'前搬过来，他的几个仆人下周末之前先过来整理整理。"

"他叫什么名字？"

"宾利。"

"他已婚还是单身？"

"噢！单身！亲爱的，可以肯定！一个有钱的单身

汉，一年四五千镑的收入。这对我们的女儿们来说是多

好的事啊！"

"怎么会呢？对她们怎么会有什么影响？"

"我亲爱的贝内特先生，"他的妻子回答道，"你怎

么这样让人讨厌！你一定知道我正考虑着让他和我们的

一个女儿结婚。"

这段著名的选段**说**了什么？**做**了什么？**展示**了什么？**暗示**了

什么？在我们考察更多细节隐含的意义之前，我们可以简要地回

答一下这几个问题。

我们去听这段文本"说"什么的时候，我们能听到三个声

音——叙述者的声音与贝内特夫妇的声音，叙述者的声音拉开了

小说的序幕，而且三次介入贝内特夫妇两人的声音之间进行简短

的评论。我们在每一种声音里听到了什么？通过倾听贝内特夫妇

的对话，我们对二人有了什么样的印象？通过小说开篇的对白和

介入的三个简短评论，我们对叙述者有了什么样的印象？叙述者

的声音传达着他对贝内特夫妇有什么样的印象？这些问题对于倾

听文本的声音来说都是非常有用的。

接下来，我们要问问文本"做"了什么。我们可以简单地说，

这段文本向我们介绍了两件事：小说的基本主题——婚姻以及婚

姻与财富、地位的联系；还有一对重要的人物，我们很快就知道

他们有五个女儿需要找到婚姻伴侣。

从"展示"的角度来看这段文本，我们可以说它向我们展示了这部小说构筑的世界里什么是重要的。它也让我们一瞥小说的设定——故事背景在乡村而不是在城市，而且是在18世纪末的英格兰乡村。奥斯汀在这个时间段写下这部小说，而小说直到1813年才出版。小说简要地提到了乡村的房产，随着小说情节的推进，这会成为贝内特家庭的一个关注焦点。

为考察文本"暗示"了什么，我们要更多地推测文本**所说、所做、所展示**内容的意义。我们可以通过思考文本如何选择语言和细节（作者通过叙述者的评论选择向我们讲述什么、她选择让我们偷听到的人物对话）来考虑这段简短的奥斯汀小说节选暗示了什么。

为了弄明白这段文本暗示的内容，我们需要问其他几个问题。我们是否接受开篇那句宣称——"凡是富有的单身男子总是需要一个妻子"——是事实？我们是否相信，有钱的单身男性寻找妻子是举世公认的、在其他时间和地方也受到广泛认可的现象，而不仅仅是在奥斯汀小说所设定的时间和地点里？是否有这种可能——简·奥斯汀的这句话与它想要暗示的意思相反，也就是说，单身的有钱男子通常根本没有在找寻妻子？我们如何判定这句话是否意在讽刺——它明确说出来的内容是否与它悄悄暗示的内容不一致或有差异，并因此不应该按照表面的意思去理解？

当我们把奥斯汀的第一句话与后面那句话联系起来考虑时，我们就会确信这句话的讽刺语气。在后面的话中，我们被告知无须考虑适婚的单身汉的感受和想法，其重要性微不足道。然而，很明显，男性的感受和想法应该是一个主要的关切点（尤其是18世纪英国富有的男性）。他的感受是未知的。这暗示着，对于那些想要把女儿嫁给这位绅士的家庭来说，他的感受无关紧要。这当然是在讽刺，现实与在这种情况下应该发生的事情完全相反。接着是对所有权的讽刺：富有的男性会被认为是某位适婚年龄女儿的理应的合法财产。更讽刺的是，适合结婚的资格仅是由财富决定的，性格、智力、智慧、美德以及配偶身上其他值得钦佩的、令人向往的品质却被完全忽视。这个世界里，婚姻很重要，金钱很重要，社会地位和社会身份很重要，而个人的感受并不重要——至少对于贝内特太太来说是这样。

在描绘婚姻观如此唯利是图的这些人物时，奥斯汀与他们以及他们贪婪的价值观念保持着距离。她是通过叙述者的评论来做到这一点的。当作者描写她笔下的人物对于单身男性的错误认知、认为妻子是丈夫的财产这种颠覆普遍观念的价值观时，这种讽刺的距离就产生了。由于这些以及其他的原因，随着章节和小说的发展，奥斯汀展现出了一种讽刺的语气，她用这种语气挖苦贝内特太太以及后面出场的很多人物。在这部小说的开篇语句以及整个简短的开篇章节中，奥斯汀教我们如何阅读《傲慢与偏见》——如何去思考作品说了什么、做了什么、展示了什么、暗示了什么，以及最终对于读者来说，它意味着什么。

从"什么"到"如何"

我对前面讨论的范文所说的很多话中都隐含着文学艺术的概念，这一概念在接下来的内容中将变得非常明确。我们需要最后一次调整原来的问题——把问题从"什么"转换到"如何"，也就是从"这段文本的意义是**什么**？"转换到"这段文本**如何表达**意义？"。这种改变有什么隐含的意思呢？这个变体做了什么、说了什么，又暗示了什么呢？这个有关"如何"的新问题如何帮助读者发现一段文本的意义呢？

在某种程度上，我们针对原始问题提出四个变体问题，并通过考察文本**所说、所做、所展示和所暗示**（我们对文本意义的思考）的内容聚焦文本意义，就已经指引了我们去思考文本如何表达出它所表达的意义。"如何"的问题指引我们去关注技术、技巧和艺术，关注作家在创作文学时用词语去说、做、展示和暗示的多种方式。

首先，我们来看看兰斯顿·休斯（Langston Hughes）的一首短诗，这首诗是他最著名也最常被收入选集的作品之一。[很多读者可能会认出，这首诗的第二行诗句中的"日光下的葡萄干"，其实是洛兰·汉斯贝里（Lorraine Hansberry）某部戏剧的标题，这部戏剧后来被拍成了一部很受欢迎的电影。]

被阻延的梦想（哈莱姆2）

梦想被阻延后会如何变化？

失去水分，就像日光下的葡萄干？

还是会化脓，就像伤口——

然后溃烂？

散发恶臭，就像腐烂的肉？

还是会表面结成硬皮——

就像久置的糖浆？

也许它只是下垂，

就像负荷累累。

还是会爆炸？

Dream Deferred [Harlem 2]

What happens to a dream deferred?

Does it dry up like a raisin in the sun?

Or fester like a sore—

And then run?

Does it stink like rotten meat?
Or crust and sugar over—
Like a syrupy sweet?

Maybe it just sags
like a heavy load.

Or does it explode?

　　在这首著名的诗中，休斯依靠明喻和暗喻来暗示一系列的意义。第二节和第三节各含有一对明喻，第四节含有一个明喻。休斯在结尾把明喻转成了暗喻，他把这个暗喻用一个单独的诗节呈现了出来，作为诗的结束段落。整首诗的诗节越来越短，语气越来越强。最后一行使用了暗喻，与它前面的诗句中具有诗意的比喻不同，这一行诗句重新聚集整首诗的能量，释放了它在前面累积的、压抑的力量。

　　休斯这首诗从一个基本问题出发——"梦想被阻延后会如何变化？"这首诗其余的部分以问题的形式对这个问题进行回答，其中倒数第二个回答是一个陈述（尽管它运用了假设性的"也许"一词，有点儿像问题）。休斯邀请我们去思考每一个提问式回答背后的隐藏含意。

我们对这首诗的理解，取决于我们如何阐释它的开篇问题。对于被阻延的梦想，作者问了什么问题？作者想要让我们思考哪种类型的"梦想"？哪种梦想岌岌可危？一旦我们转向隐喻性或是象征性的阅读，我们就会开始思考，这些梦想受到阻延，可能会对一个人或一群人产生什么影响，无论他们是什么种族或皮肤是什么颜色，但是肯定包括非裔美国人的种族平权的梦想，这个梦想，在对于他们来说逐渐显现的许多被阻延的梦想中是最为显著突出的。

问题引发问题，每一个比喻都需要我们去做阐释性的思考，每一个明喻都暗示着另外一个梦想延期至毁灭的方式。各种各样的明喻暗示着，一个未实现的梦想会以不同的方式，导致不良的甚至是毁灭性的后果。最后一个比喻就像之前的那些比喻一样，也有些不同。这个暗喻是整首诗的结束，它独占一行，显得语气更加坚决，加粗的字体提供了额外的强调。然后，我们看到最后一个词：爆炸。这个词具有极大的决定性或爆炸性。

以这种方式放慢阅读的节奏，让我们有时间来处理这首诗所说、所暗示、所展示和所做的内容。它让我们有机会首先去注意细节，然后再去将这些细节种类和方式联系起来。只有在我们有机会进行观察并建立它们之间的关系之后，我们才能开始对这首诗做出推论和临时性的阐释。

不同的读者，无论是聚焦在个体梦想的未完成上，还是聚焦在不同族群的社会梦想被延迟上，都应该去思考，这首诗最后一行"爆炸"那个暗喻的隐含意义。我们可以发出提问：是什么样的爆炸？爆炸会有什么后果？

如果说《被阻延的梦想（哈莱姆2）》几乎全是由问题建构的，那么，下面罗伯特·迪亚尼（Robert DiYanni）的这首诗则只包括作者的主张。这首诗**所说、所做、所展示、所暗示**的方式，明显与休斯的诗所采用的策略不同。

失败的艺术

失败的艺术不难掌握。

项目起草阶段就把目标定为失败。

接着，更好更快地失败吧。避开灾祸。

成功亦尚可，不过无法与艺术的失败媲美。

更好地失败，更快地失败，聪明一点儿。

失败的艺术不难掌握。

塞缪尔·贝克特也这样说他的艺术。

我们不可能处处完美。

所以，更好更聪明地失败，防止灾祸。

不是所有事情一开始就毫不出错，

别尝试完美。原谅自己；然后制造混乱。

避开胁迫。更聪明地失败，阻止灾祸。

失败，才是你追求的东西，不是成功的生活。

里面潜伏着惊喜——新的发现。

失败的艺术不难掌握。

设法获得失败。别怕它把痛苦的愉悦带给你我。

跟随错误，接纳它们，采取相应的举措。

失败的艺术你可以学着掌握。

更好更聪明更快地失败吧。避免灾祸。

The Art of Failing

The art of failing isn't hard to master.

Just draft your project with the aim to fail.

Then fail better and fail faster. Skirt disaster.

Success is fine, but no match for failing well.

Fail better, fail faster, and be smart.

The art of failing isn't hard to master.

So Samuel Beckett says about his art.

Perfection eludes us at every turn.

So fail better and smarter to forestall disaster.

You won't get anything right from the start.

Don't try. Forgive yourself; make a mess.

Avoid duress. Fail smarter to prevent disaster.

Failure, not success, is what you're after.

That's where the surprises lurk—the discoveries.

The art of failing isn't hard to master.

Court failure. Don't fear its painful pleasure.

Follow missteps—embrace them, take their measure.

The art of failing you can learn to master.

Fail better, smarter, faster. Avert disaster.

  关于《失败的艺术》这首诗，除了它所采用的陈述模式，我们首先注意到的是，第一行与第三行的诗句在诗中反复出现，不过随着整首诗的推进，它们会变得略有不同。随着这种句法的重复，我们也能在整首诗中听到韵脚在重复，每一个由三行诗句组成的诗节的第一行、第三行互相押韵，直至最后一节。每一个诗节的第二行与其他诗节的第二行押韵，包括稍长的最后一节的第二行。

简单地说，我们注意到了诗的形式——维拉内拉诗（villanelle）的形式，它共有十九行，开头的诗句在间隔的诗节中重复出现，分别是第二、第五节最后一行和第六节的倒数第二行。维拉内拉诗的第三行以类似的方式重复，在奇数节之间交替出现，结尾诗句形式略有变化，结束整首诗。

相较于休斯的《被阻延的梦想（哈莱姆2）》，《失败的艺术》的语气远远没有前者那么急促。诗中的陈述句进行解释和建议。它们断言，失败是一种可以被人习得的艺术，学习失败的艺术并不是那么难。（不过，在诗的前半部分，我们可能想要知道，这个讲述者是不是在严肃地讲这件事情。）这首诗建议读者接纳失败，甚至"设法获得"失败。它给出的建议与人们正常的期待以及世俗认知背道而驰。大多数人试图避免失败，从经济及情感上来说，失败都有着高昂的代价，虽然有些人会认为我们都是可以从失败中吸取到教训的。

但是，《失败的艺术》将失败的价值提升到了另一个层次。这首诗暗示着，我们不仅可以从失败中吸取教训，更重要的是，我们应该寻找更多机会和更多失败的方法去失败。通过频繁地练习失败，我们可以"更好地"失败、"更聪明地"失败。这似乎是讲述者的建议，也似乎是这首诗建议大家要去做的事情。

《失败的艺术》是具有讽刺意味的，它颠倒了我们对于失败的期望。它暗示着，通过接纳失败，我们可以"阻止灾祸"。这是非常讽刺的，通常来讲，我们应该不顾一切地避免失败。至于这首诗推荐大家要失败是不是也是在讽刺，这就要留给读者去判断了。比如，出于这首诗暗示的那些理由，有一些读者可能会认同，失败是非常有价值的。但是，他们还是可能会去抵抗寻求失败方法的冲动。

不同于休斯的诗通常通过一系列的比喻（包括明喻和暗喻）来表达，《失败的艺术》避免使用这些比喻。相反地，它提供了一系列的警告：要做这件事，不要做那件事；这是你应该寻求的，这是你应该看重的。

我们也注意到诗中如何使用押韵和重复，如何用通俗的语气去强调我们生活中的失败也具有价值。诗中有大量精确的韵脚以及不工整韵（近似韵）：faster 与 disaster，smart、art 以及 start，won't 与 don't，mess、duress 与 success，after、master 与 disaster，pleasure 与 measure，skirt 与 avert。你很可能也会注意到押头韵在这六个诗节中的大量应用：failing、fail、faster，fine、failing、fail、fail、failing，fail、forestall，forgive、fail，failure、failing，failure、follow、failing、fail、faster。[1]

《失败的艺术》喜欢运用韵脚和重复。在遵守维拉内拉诗的"规则"时，这首诗一边娱乐读者，一边指导读者。减缓阅读速

---

[1] 英文对应请参看本书第35—36页的英文原诗。在译成中文时，译文保持了诗句结尾处押韵，例如：祸、活、握、错。——译者注

度来享受这首诗的文字游戏，能够增加我们读这首诗所获得的阅读乐趣。它的韵脚和重复的声音、文字以及诗句，帮助我们记住它给出的建议。我们可以推测，这就是这首诗的目的。最终，每个读者形成什么理解，那都完全由那个读者决定。我们非常确定的一点是，不同的读者对于这首诗或任何一首诗都会有不同的理解。

本章结语

我们延迟思考有关文本意义的问题，而去思考它的变体问题，这样做能够拓宽和加深我们对于文本意义的理解。在我们有机会听到文本说了什么、注意到它做了什么、看到它展示了什么么、考虑到它暗示了什么之前，从不同的方向提出问题，以此来分析文本，这样做会给予我们更大范围的阐释可能性。做这些事情让我们能够分析文本是如何创造意义的。除此之外，我们对文本所说、所做、所展示和所暗示的方式提出问题，即分析文本是如何表达它的行为所具有的意义的，这涉及文本的体裁以及修辞上的可能性。我们也从作者的生活、作品以及他的成长背景语境去思考分析一段文本。

使用这些问题及其相应的文本分析方法，任何读者的阅读努力都会有所回报。延迟思考有关意义的问题，去思考文本所说、所做、所展示和所暗示的内容以及它们是如何做到这些的，这会让读者具有更加敏锐的批判洞察力，同时也加深了阐释性的理解。以这样的方式延迟思考意义的问题，让我们与文本——尤其是文学作品的相遇更加完整、丰富和令人愉快。

如果我们接受并以这种方法去阅读文学或是其他严肃作品，那么，我们为什么希望去读这些作品呢？阅读这些作品有什么收益呢？在接下来的章节中，有一个答案是这样的：这种审慎的阅读方式，帮助我们寻求文学写作或其他严肃写作所能提供的真理。我们阅读的首要原因是获取知识、加深理解、体会快乐，甚至随着我们达成这些野心勃勃的目标，我们可以获得赖以为生的智慧。这不正是我们希望从阅读——尤其是从文学作品的阅读——中获得的东西吗？

第二章
阅读之于真理

体验、阐释和评估

任何文本，我们对其付出多少，便能从中获得多少。

——罗伯特·斯科尔斯

探索一段文本讲述了什么真理意味着什么？真理就是我们阅读文学作品以及其他文本的目的吗？我们去寻求文学作品所传达和体现的真理，这又意味着什么呢？也许我们应该知道，与**发现**真理一样，对真理的**探求**也是非常重要的——正如苏格拉底（Socrates）、列奥纳多（Leonardo）、蒙田（Montaigne）还有其他大师一直提醒我们注意的那样。

文本有真理吗?

为了回答这个问题,我必须——至少在最开始的时候——模棱两可。因此,我的回答是,"有"以及"没有"。"有"是指文本具有某种真理(大写的 T),但这种真理是我们永远无法完整把握或充分理解的。所以,文本"有"真理,但是也"没有"真理,我们无法完全知道真理是什么。

再考虑一下:如果我们指的是很多真理(我们一致认为其中有些真理已经被辨别出来)中的一个,那么是"有",即文本具有某种真理(小写的 t)。但是,如果我们坚持认为这种"真理"是单一、不可更改、绝对的,那么是"没有",即文本不具有这种真理。文本具有多种多样的真理,因为文本被很多读者以不同的方式来阅读和阐释。

所以,文本有"真理"吗?"有"以及"没有","有"但也"没有"。

以上内容构成了我对这个问题初步和快速的思考回路。虽然我认为模棱两可的回答有几分道理,但是,这个回答不足以满足我们的需求。所以,我们有必要对这个问题展开进一步的探讨。

文本包含某种真理吗?我们所说的文本的"真理"是什么意思?为了方便讨论,让我们假定文本的真理是指文本的准确和精准——它在多大程度上反映了我们所经历的人生、所理解的知识、所认识到的外部世界以及所了解到的智慧。这是具有对应性的真理。

然而，除了这种真实的文本对应性，我们还认识到具有连贯性的真理——文本的统一与内部和谐、自洽、完整。无论我们是否认为文本是一种有机的产物或是一种机械的（复制）产品，文本的连贯性都存在于其部件与部件之间有效相连的各种方式之中。局部和整体、形式和功能、微观和宏观——文本自身是一个完整的整体；但是，它同时也与其外部世界存在关系。文学，大体上就像语言一样，描述并解释着"外面"发生的事情，语言和文学反映着外部的真实，同时也在阐释着这种外部真实，但并不是（重新）创造它。

不过，这些都是大家熟悉甚至感到欣慰的观念。让我们再回过头来，去思考文本反映和代表着谁的真理，文本支持和加强哪种真理。在此，我再一次地用"真理"来表示意思、意义，以及我们所理解的一个文本要去说的，要去暗示的，要去证明的、披露的和可能要去隐藏的内容。我们需要探讨的是，文本的意义是什么以及文本的读者是谁：是面对所有的读者，还是只针对某些读者？面对的是经验丰富的读者，还是经验较少的读者？面对的是老师，还是那些阅读能力还在发展中的学生读者？

在这多种多样的真理中——作者的真理、读者的真理、老师的真理、学生的真理，我们讨论的是其中哪一种？还是包括对于所有这些对象的所有不同的真理？然而，肯定也有某种真理的核心或要点，而对于这些核心或要点，不同的人群可以达成一致的意见，可以接受它作为一个具有核心地位的文本真理。应该要有这种文本真理吗？或者，可以有这种文本真理吗？

让我们首先从作者的真理开始探讨。作者的文本是要讲述真理的——虽然艾米莉·狄金森（Emily Dickinson）建议作者要"委婉地讲述"而且以一种"极大的惊喜"（494）呈现真理。而且，文本的真理仍然是存在的，即使真理是蒙上一层面纱的——就像纳撒尼尔·霍桑（Nathaniel Hawthorne）常常在文本中的暗示、罗伯特·弗罗斯特（Robert Frost）的诙谐、赫尔曼·梅尔维尔（Herman Melville）笔下的悲惨故事所表现的那样。我们记忆最深刻的也许是，约翰·济慈（John Keats）在《希腊古瓮颂》结尾对美和真的动态一致性所做的描写。

> "美即是真，真即是美。"——这是你在地球上所了解到的一切，也是所有你需要了解的一切。（283）

济慈所描写的美与真之间的关系，莎士比亚（Shakespeare）在一系列十四行诗中早有相关的表述，尤其是第十四首的"真与美共繁荣"（1846），以及第五十四首的"啊，美如果有真来添加光辉，它就会显得更美，更美多少倍！"（1853）。几个世纪之后，拉尔夫·沃尔多·爱默生（Ralph Waldo Emerson）为这个等式添加了另一项内容——"美德"——他对它们同等对待，让它们变成了神圣的三位一体，不仅在教堂和信条中，也在自然界的中心为人所发现和庆祝。这是爱默生在《论自然》（"Nature"）中的相关陈述："真理、美与美德，是同一宇宙的不同面。"（19）

如果我们确实可以通过这些作者的文本去发现和真正了解真理，真理的美、美的真理可能就是我们了解到的以及需要了解的一切，比如狄金森提倡的那种委婉地说出的真理，霍桑讲述的人类内心的含蓄的真理，弗罗斯特讲述的有关人类与自然世界的关系的真理，济慈笔下描写的慵懒的秋天、声音洪亮的夜莺或者"安静的处子"（282）的真理，爱默生关于自然神性的真理——更不必说梅尔维尔的亚哈（Ahab）船长试图"击穿面具"（967）寻找但是没有找到的永远难以捉摸的真理。

寻找文本的真理不是一件简单的事情。寻找文本真理的过程中，通常会经历一次折返、循环反复或再次阅读文本，通常的方式是去分析它的语言、结构和体裁。此外，文本的真理的探寻，也要通过自身积累的知识和人生经验赋予文本的内容来实现。作者的真理既不是单一的，也不是绝对的，更不是最权威的。当作者在解释文本的意思（故事的真理）时，我们其实也在解释，正如 D. H. 劳伦斯（D. H. Lawrence）曾经告诫我们的那样："永远不要相信艺术家，相信故事。"（3）这条建议显然让我们自己去判定文本的真理是什么。因此，文本的真理总是由读者来判定的作者的真理，这是一个永远不会结束的寻求真理的协商过程。最终，作者的真理即为读者的真理。我们无法逃避这种读者的真理

以及随之而来的需要我们读者承担的责任。

但是，这些读者的真理又是什么呢？对我来说，这些是文本的生活真相，这些真相是文本为我们的生活带来的东西，它们以某种真实的、难忘的方式与我们的生活相联系。正如罗伯特·斯科尔斯（Robert Scholes）所说，我们根据我们所过的生活来阅读文本（*Protocols* 10）。在这句话的基础上，我想加一句——反过来说，我们也根据我们所阅读到的文本去生活。那些对我们来说非常重要的文本，于是就变成了"生活-文本"，它们不仅仅是我们在生活中阅读到的文本，还是丰富并且复杂化了我们生活的文本。由于我们赋予它们一些内容，而且从它们那里汲取到营养，这种文本能够为我们产出某些有价值的东西。因此，对于读者来说，文本的真理涉及我们将文本与生活联系起来的方式，涉及我们体验文学、生活以及语言的互文网络的方式。

这种探寻文本真理的方法，把读者对文本的回应能力与读者对文本的责任结合在一起。正是这种回应和责任、服从文本与抵抗文本之间的辩证对立，激励着阅读行为，使其富有生命，变得复杂、完整。

但是，回应文本是什么意思呢？我们如何履行阅读文本的责任呢？回应和责任是审慎的、公正的批判性阅读的两端，它们引导读者基于仔细观察、富有洞察力的联系、有效的推断以及深思熟虑的价值观去对文本做出阐释。一个有效的批判性**阅读**对批判性思考有影响，也受到批判性**思考**的影响，它们相互影响。批判性阅读和思考的能力可以从框架中获取，这个框架包括观察和联系、推理以及阐释性总结，考量文本的社会、文化、政治、道德以及其他方面的价值。

不过，要把这种分析工作做好，读者需要克服自己对一段文本最初的抗拒，那种想要反驳、与之对立或是想要挑战它的冲动。批判性读者对文本提供的内容保持开放的心态，他们非常有耐心。表演艺术家、演员马修·古利什（Matthew Goulish）提供了一种方法来开放地接受文本。在他的《39 堂微课程》（*39 Microlectures*）一书所收的散文《批评》（"Criticism"）中，古利什提出，当我们遇到任何艺术作品，包括各种虚构的作品（以及引申开来的任何语言文本）时，我们应该追求某种"愉悦时刻"。这种特别的时刻，可能是由文中一些令人激动的、动人的、异乎寻常的内容给激发出来的，这些内容能够激发我们的感情，促进我们的思考，触发我们的想象力。

古利什是这样表述的：

> 然后，我们可能会去欣赏每一件艺术作品，而不是去挑出它的缺点和不足，去享受它带来的那些愉悦时刻，努力将我们自身的不完美与这些时刻产生情感共鸣，从而使我们自身做出创造性的改变。我们讲的这些时刻，当然是有些主观的，因此，如果我们此时不能立即找出一个这样的时刻，出于尊重，我们也要再去寻

找……用南非作曲家凯文·冯兰斯（Kevin Volans）的话说，我们将以这种方式对待艺术作品，不是把它们看作世界上的一件物品，而是把它们看作一扇窗户，带领我们进入另一个世界。如果我们能够明确表达出一扇窗户带来的愉悦时刻，我们就开辟了一条激发自我改变的途径，这样，我们就能以这些认知去评价、去创作。（45）

这种融入文本的方式，需要我们抑制住内心想要挑错的倾向。与之相反，这种方式强调的是作品中那些正确的、令人愉悦的部分，任何证明有用的内容——我们所称赞的某个栩栩如生的细节；某种可以帮助我们理解文本的可辨别的模式；某种激发我们思考的主张、某个我们拿来叩问自己的问题；等等。通过这些"愉悦时刻"，我们与文本之间建立的一种私人关系及建立这种关系的各种方式都能够引起"我们自身创造性的改变"。对文本或作品持有开放态度而产生的这些"认知"，既是对于我们自己的认知，也是对阅读内容的认知。

丽贝卡·索尔尼特（Rebecca Solnit）认为，与其说批评是在对文本事实进行解密，不如说它是对文本的调查、探索以及推崇。索尔尼特把弗吉尼亚·伍尔夫（Virginia Woolf）当作自己的榜样和导师，她描述了伍尔夫的散文所体现的一种"反批评"，即在阅读时，避免将文本看作是完成的、确定的、稳固的、安全的。索尔尼特认为，批评是将文本保持开放状态，避免任何约束、限制或分类的做法，是"尊重艺术作品必不可少的神秘性"（*Men Explain* 101），同时认识到它的美和它给人带来的乐趣。

在负责任的阅读中，我们假设一段文本具有意义。我们姑且相信如此。作为负责任的读者，我们的目标就是去理解一段文本有什么意义，去正确地以口头或书面形式描述这段文本的意义。在负责任的阅读过程中，我们试着诚心诚意地跟随作者的思路，去理解他 / 她的观点，甚至是在——尤其是在——作者的想法、观念、价值观和观点与我们自己的不同的时候。

一旦读者学会了通过认真研读文本来负责任地阅读，他们便可以在阅读过程中掌握主动权，通过与文本对话来行使权力。他们可以给这段文本一次公正的聆讯，然后以深思熟虑的、反思性的分析性阅读给出自己的评判和批评。

拉尔夫·沃尔多·爱默生在《论美国学者》（"The American Scholar"）中写道："既有创造性的写作，也有创造性的阅读。"（*Essays* 59）对于爱默生来讲，阅读是积极的、有目的的；这种阅读的成果就是原创性的思考和写作。"首先，我们阅读，"他在日志中这样写道，"然后，我们写作。"（*Journals* 8:320）这个顺序是自然而然的，甚至是不可避免的。通过阅读，确切说是在我们阅读的时候，我们深入思考文本中的文字和观点，而且，产生了自己的想法并发展成自己的思想。我们反思意义，我们也创造意义。在《历史》（"History"）一文中，爱默生竭力主张学生们要"主动地而非被动地阅读历史；将自己的人生视为文本，而书籍

是它的注释"（*Essays* 239）。

阅读和思考之间的相互作用与负责任地阅读和回应式阅读之间的动态交流，共同反映了阅读和生活之间的关系。它包括建立始终如一的、广泛的联结——既在文本内部，也在文本之间以及文本之外的地方。正如玛丽安娜·沃尔夫（Maryanne Wolf）在《升维阅读：数字时代下你该如何阅读》（*Reader, Come Home: The Reading Brain in a Digital World*）中所写的那样："深度阅读总与**联系**相关：将我们知道的东西与我们阅读的东西联系起来，将我们阅读的东西与我们所感受到的东西联系起来，将我们感受到的东西与我们所想的东西联系起来，将我们如何思考与我们如何在相互联结的世界中生活联系起来。"（163）

反思性阅读丰富并引导着我们的生活，反过来，我们的生活也为阅读提供了支撑。阅读和生活在互惠的相互影响中彼此推动、彼此鼓舞。我们读的书彼此对话、互相影响，它们以各种不同的方式，在我们的思想和心灵中结合在一起。这些书形成一个互文网络，这个网络不仅包括它们与它们自己的关系，也包括它们与我们之间的关系——我们与这些书籍之间有一生的时间去对话。亨利·大卫·梭罗（Henry David Thoreau）有着类似的观点，他这样写道："我始于阅读，终于行动。"（*Journal*, February 19, 1841）——"行动"甚至还会需要进行额外的阅读。

我们深入阅读的那些文本变成了我们意识的一部分、我们自身的一部分。无论我们阅读的是文学作品还是批评作品，都是如此。我们变成了我们批判性阅读的内容，随着我们作为个体持续地发展，这些已经成为我们一部分的书籍和导师也在发展进步。我们与它们的关系从未结束，它们与我们的关系也从未结束。这就是阅读带给我们的诸多奇妙乐趣和神秘挑战之一，尤其是我们在阅读文学的时候。

在《符号学与解释》(*Semiotics and Interpretation*)(1982)、《文本的力量》(*Textual Power*)(1985) 以及《阅读的规范》(*Protocols of Reading*)(1989) 等一系列关于文学分析和阐释的书籍中，罗伯特·斯科尔斯将读者的回应和责任（这两个词是我用的术语，不是他的）置于体裁和历史之中，置于语言和语言学的、文化的密码之中，我们借助和通过这些元素去理解文本的含意，了解生活的意义。体裁和历史、语言和文化，在我们与文本的接触中很重要，包括影响到文本的产出和读者接受的上下文语境。斯科尔斯针对所有文本问了相同的一系列问题：要理解文本，我们需要考虑哪些东西？文本的产出需要哪些条件？文本是在什么时候、基于什么原因而创作的，怎么创作的？谁创作了文本，在什么样的情况下，为了什么样的目的而创作？

有时我们可以回答这些问题，而有时则回答不了。对这些问题的思考，引导着斯科尔斯去探讨在所有文本中都有效的密码。他分析了那些创造、约束文本意义的语言和文化的密码——体裁、语言、历史背景以及文化环境。理解文本真理这一挑战，需要我们判断哪些密码或多或少地和文本有关联，以及它们在文本中如何发挥作用。在获取这种文学鉴赏力的过程中获得信心和提升阅读能力，我们需要付出时间、耐心和练习。

阅读、阐释与批评

斯科尔斯的文学分析方法包含"阅读"（通常是个人的反应）、"阐释"（对文学技巧和效果更加客观的分析）以及"批评"（运用判断力考量作品价值——社会价值、文化价值、个人价值、意识形态价值以及美学价值）。其中，**阅读**是基本的活动，其他活动建立在阅读之上，并由阅读产生；阅读在很大程度上是无意识的，不过阅读也依赖对密码和体裁的了解。在阅读的过程中，我们通过填补空白、进行推断和进行时间上的联系，通过文本中的文字，建构了一个世界。斯科尔斯在《文本的力量》中说，**阐释**是一项更加深思熟虑、更有意图、更有意识的活动，它"依赖于阅读的失效"（22）。阐释要求读者做出超越概要的解释。阐释是"文本意义过量或读者缺乏知识"（22）的结果。作为读者，我们通过分析文本来纠正这些阐释上的不足，可能要从其他人那里或其他研究中寻求帮助。**批评**涉及评估，评估一个文学作品在多大程度上达到了"其模式或体裁下纯粹的文学标准"（23）。而批评中，更重要的也更间接的一个方面，涉及对该作品的主题进行批评，或对用来构建该文本的密码进行批评。《文本的力量》用一个简洁的公式概括了我们作为批判性读者要做的事情："**阅读**时，我们**在文本内创作文本**；**阐释**时，我们**在文本之上创作文本**；**批评**时，我们**针对文本创作文本**。"（24）在这三个阶段的文本接触中，我们从"在阅读中**屈服**于文本权威，经过在阐释中**分享**文本的力量，走向了在批评中通过反对来**主张**自己的力量"（39）。

在这个三层结构的阅读方法中，阐释是确定的。阅读是私人化的、主观的甚至是自恋的——这是不可避免的。读者若只以主观模式阅读的话，他们只能从文本中收获他们发现的东西，而这些东西在一定程度上往往是他们自己本身就有的。"阅读"的主观性是一个必要的起始点。我们不能避免将自己的主观性带入我们遇到的文本之中，因此，我们要承认我们的文本主观性，然后去超越这种主观性。

然而，如果我们的阅读过度主观——对文本之内或隐藏于文本中的"其他人"不够关切——就不会有真正的阐释和公正的批评，无论这些阐释和批评是社会的、道德的、政治的、修辞的还是美学方面的。主观投射的结果就是将其他人变成自己的镜子。我们需要其他人，因为如果没有他们，就不会有对话、聊天、辩证法——只有自恋、唯我论和利己主义。阅读是从主观性的形式开始的；如果不从这里开始的话，我们哪儿也去不了。但是，要想抵达阐释和评估这两个阶段，我们就必须超越主观性。

因为读者的生活都是独一无二的，他们有各自不同的阅读体验，他们能够注意到同一文本的不同特征，他们以不同的方式去感知同一特征。斯科尔斯在《阅读的规范》中举了一个例子，强

调女权主义"在性别问题的框架内构建阅读问题"（92）。他进一步提出，女权主义向我们揭示了想象存在一个理想读者阅读一个对所有人来说有着同样意义的文本是多么愚蠢（92）。

体验、阐释与评估

我的文学分析方法和斯科尔斯的方法一样也包括三个阶段：（1）**体验**；（2）**阐释**；（3）**评估**。我的方法开始于读者阅读文学作品的即时性体验——读者对于故事、诗歌、戏剧和散文的主观性和私人化的印象。当我们阅读文学作品时，一些事情发生了。这部作品可能激发我们去思考，可能在情感上让我们感动，可能鼓励我们去做研究或让我们参与到某种行动之中。它可能让我们笑或哭，它可能让我们感到沮丧、困惑、惊奇、快乐、愤怒或震惊，它也许会让我们回忆起一些自己的或是其他人的经历。

每个人理解文学作品的方式都有所不同。当我们的目光穿越一首诗的诗行、一个故事或小说的句子和段落、一出戏剧的对话和舞台指示时，我们会根据过往的文学体验、我们的语言和词汇的范围及我们对阅读过的作品的语境的理解去领悟这部作品。我们可能会觉得某首诗、某个故事、某部戏剧或是其中的某个点是悲伤的、令人发笑的、令人感动的或令人兴奋的——也可能不会这样觉得。我们可能会认为一部文学作品的表面相对来说是容易弄明白的，或是比较难理解的。

采用上面这些方式以及其他一些方式对文学作品做出一些回应，我们将自己私人化的和共同的人类体验带入阅读之中。这种回应类型是主观性的、有关于情感的、凭印象做出的反应；我们对于文学的**体验**是真实的，也是不可避免的，但这对于充分欣赏文学作品来说还不够。

当我们思考为什么我们会做出这样的反应，以及为什么会认为一部文学作品的语言、结构、内容和语境很难或不难理解时，我们就超越了个人的体验、走向了阐释。我们从表达情感到形成认知——从对文学作品的**情感理解**走向对文学作品的**理智领悟**。

阐释建立在分析的基础上。我们对文学作品的理解，就像我们对其他事物的理解一样，都起因于我们努力去分析、阐释、向自己解释它们或理解它们隐含的深意。我们对文学作品的**阐释**，为我们对该作品的情感**体验**提供了一个理智的对应物。当我们阐释文学作品时，我们自身所关注的不是**它们如何影响我们**，而更多地在关注**它们表达了什么意思**。阐释，简单地说，旨在理解。

我们如何理解文学作品？如何发展出有能力、有信心地阐释文学的能力？一种方法是熟悉文学的基本要素，比如小说里的情节、角色和设定；诗歌里的意象、句法和语音技巧；戏剧中的对话、舞台指示和人物关系；散文中的声音、结构、风格和语气口吻——尽管这些元素跨越了不同体裁，但我们一样要熟悉。

另一种理解文学的方法是，通过更广泛地对作品的结构进行分析来理解作品。所有的文学阐释都以**观察**为基础——仔细观察作品的细节，包括它的语言和结构（正如我们刚刚看到的）。我们在细节之中搜索联系、寻找模式，比如对比和冲突、重复和变化。基于我们的**观察**和**联系**，我们对文本可能具有的意义做出**推断**与进行有教养的猜测或推测。在读一部作品时，我们在测试我们的推断，在重读这部作品以及与其他人讨论它时，我们在做批判性的思考。

基于我们的推断和反思（这些来源于我们的观察和联系），我们对一部作品形成了**临时性的阐释**。也就是说，我们对它的意义和重要性有了某种理解。这些阐释是"临时性的"，因为我们可能会改变对它们的看法；我们可能会基于进一步的阅读、研究、对话和思考去修正我们对文学作品的理解。这些临时性的阐释在两种意义上是**片面的**：（1）它们受限于我们个人的观点；（2）它们不完整，因为对于一部文学作品，我们总是有更多的东西可以去看、去说、去思考。

这个由三部分组成的框架，始于私人化的体验，对文学作品予以回应；然后，基于文学要素给出更客观、更具分析性的阐释；最后，考量嵌在文学作品中或是由文学作品体现出的价值，以此结束。所以，除了对文学作品（**体验**）做出私人化的、主观性的反应以及我们对作品的分析（**阐释**），我们还考量它们的价值——社会价值、文化价值、政治价值、道德价值以及更多方面的价值（**评估**）。以价值为中心的第三部分与体验和阐释有关，一部分衍生于它们，另一部分驱动着它们。在评估一个故事、一首诗歌、一部戏剧或一篇散文的时候，我们很大程度上在做两件事：（1）我们评估它的文学素养；（2）我们考量它体现的价值，无论这些价值看上去是受到支持的，还是受到质疑或是挑战的。

评估本质上是一种评断，对于一个作品的意见，最后形成总结。我们以《新约》中浪子回头的寓言故事为例，在思考这个故事时，我们可能会同意或不同意父亲原谅了任性的孩子，可能会认同或不认同哥哥抱怨父亲说他从来没有为自己——这个忠诚的好孩子——宰杀过肥牛犊。我们可能以这样的方式来确认或批评人物角色的行为。无论我们如何评估它们，我们都仍然总是依据自己的价值观去衡量文学作品的价值。

我们对于一个文学作品的评估，是根据自身的社会、文化、道德、意识形态和审美等价值观的特殊结合来进行的。我们的社会、文化价值观源自我们作为家庭、社区以及更大社会实体成员的生活。这些价值观与我们的道德价值观以及道德规范相联系——道德规范是指我们认为什么是对什么是错、什么是正义什么是邪恶。我们的思想观念是以政治信仰可能还有经济现实为基础的。我们的审美价值观反映了我们认为什么是好看的什么是不好看的、什么是制造精良的什么是做工拙劣的。随着时间的流逝，随着我们人生阅历的增加、受到更多教育，我们的价值观也常常会发生改变。

我们阅读所有文学作品都是这样的。我们曾经特别欣赏某个故事对于人类行为的揭示，或是我们接受了某个故事的道德观念，但在后来，却认为这个故事是微不足道的或是不正确的。起初我们可能不喜欢某些作品，但在后续的阅读中，我们却发现它们其实是有感染力的、吸引人的。个人以及集体对文学作品的品位和价值观念会随着时间改变，社会性的价值观和美学态度也会发生转变。文学作品就像音乐作品和政治观念，会流行也会过时，对于我们来说是这样，对于更大的社会来说也是一样。[1]

审美价值观可能是最难讨论和理解的。我们的美感，受到印象、感受、感觉和记忆的影响，它们常常是难以捉摸的。我们的审美反应与我们的期望有关，而我们的期望受到我们先前阅读文学的体验的影响。我们倾向于带着自己的好恶对作品进行快速与果断的反应，这让辨别美学价值变得更加复杂。让我们想一想浪子回头那个寓言的美学价值。这个寓言结构精妙吗？它的描述是否有力且有效？它看上去是其所属文学体裁的一个优秀案例吗？

我们对一个作品的体裁的理解，同样也影响着我们对它的审美评估。比如说，我们偏爱某种小说或诗歌，偏爱戏剧的某种体裁或某种散文类型，会进一步地让事情变得复杂。我们可能不喜欢讽刺型诗歌或非时序型的故事；我们可能欣赏不了非现实主义的戏剧或小说作品，也欣赏不了散文——除非是议论文（或记叙文）类型的散文。

1　此处指一般性作品，经典的文学作品和音乐作品不存在过时之说。——编者注

在美学方面，我们做出评估的方式也会受到其他人有依据的反应的影响，这些人可能已经有了一定的生活和文学经验，不同于我们已有的相关经验。最终，通过生活经验和阅读文学的经验，我们形成了一种文学鉴赏力——一种将优秀、成功的写作与糟糕、不成功的写作区分开来的能力；我们形成了一种平衡的评断，这种评断受到缜密反思的影响。在获取对文学的美学欣赏力这件事上，没有任何捷径可言。我们会发现其他人不一定像我们一样看到、体验和珍视某部文学作品，他们可能会在这部作品中找到不同的真理和价值。

我们可以将这个阅读框架应用到一则短小的散文中，这是E. B. 怀特（E. B. White）所写的一段关于1969年登月行动及尼尔·阿姆斯特朗（Neil Armstrong）与巴兹·奥尔德林（Buzz Aldrin）在月球漫步的文章。这里列出这篇怀特的作品，文中的句子标上了序号方便读者参考。我添加了一个标题，怀特的原作品是没有使用标题的，原作放在了一个题为"杂记与评论"（"Notes and Comment"）的专栏里。

月球漫步

（1）事实证明，月球是人类的一个好去处。（2）月球引力只有地球的六分之一，这一定很有趣，当阿姆斯特朗和奥尔德林——像两个快乐的孩子一样——蹦蹦跳跳地跳起舞时，这不仅是一个胜利的时刻，也是一个欢乐的时刻。（3）另一方面，月球不是一个升国旗的好地方。（4）我们的国旗看上去僵硬且不灵动，努力在无力的微风中飘扬。（5）（我们一定能从中吸取一些教训。）（6）无疑地，探险者们插国旗是一种传统的做法，但当我们怀着敬畏、钦佩和自豪的心情观看这一场景，它让我们猛然意识到，我们的两位宇航员代表全世界的人们，而不只代表国家，他们应该配备相应的装备。（7）就像每一条伟大的河流和每一片伟大的海洋一样，月球不属于任何人，又属于所有人。（8）它仍然掌管着通往疯狂的钥匙，控制着席卷每一处海岸的潮汐，守护着每一片土地上亲吻的恋人，他们站在天空而不是旗帜之下。（9）遗憾的是，在我们的胜利时刻，我们没有摒弃人们熟知的硫磺岛画面，没能在月球上留下一个具有普遍象征意义的物品，比方说插一块软绵绵的白色手帕，它象征着感冒，它像月球一样，影响我们所有人并团结我们所有人。

——E. B. 怀特

《纽约客》，1969 年 7 月 26 日

在我们去思考怀特这段话有什么"意义"、怀特关于登月的

中心思想是什么之前，让我们先放缓整个阅读进程。我们首先考量自己阅读怀特这部作品的体验，然后去观察我们注意到的一些细节。在这之后，我们继续进行这个框架余下的内容：注意联系和推断，然后得出一些临时性的阐释性思考以及考察嵌入这篇作品中的价值观。

体　验

我们在阅读怀特所写的这个段落时有什么样的体验？我们在多大程度上接受了他对登月的描写？他描绘登月这件事的方式如何让我们收获了愉悦感？他在描写的时候囊括的某些细节和意象让我们感受到了怎样的惊讶？我们觉得这段登月描写是有趣的、动人的或是令人愉快的吗？它激发我们去思考了吗？有什么细节或断言让我们感到困惑或是愉悦、强烈地与我们产生（正面的或负面的）情感共鸣吗？我们如何描述我们阅读怀特这篇微型散文的体验？这些都是我们对一段文本的"体验"要我们去思考的内容。

观　察

这篇文字只有一个段落，由一个简短的句子开始，以一个比开头长很多的句子结束。怀特所写的句子长短不一，三个短句点

缀在六个长句之中。怀特使用不同长度的句子，以避免单调，使段落的流畅度得以改善。

第一个句子做了两件事：断言与制造惊奇。谁会想到（在这么多地方中）月球竟然是"人类的一个好去处"？我们专心地阅读这个句子，就会想知道为什么怀特要说那些话。我们会问自己，月球对人类来说"怎么"是一个好去处呢？怀特在第二句话中回答了这个问题，他假定了两种解释：第一，这是一个"胜利"的地方；第二，这是一个"欢乐"的地方，怀特描述了两位宇航员——阿姆斯特朗与奥尔德林，像"快乐的孩子"一样"蹦蹦跳跳地跳起舞"来。

开头的这两句话紧密相连。第二句为第一句提供了具体说明，回答了第一句话提出的问题，也表明了月球究竟如何对于人类来说是个好去处。怀特将两个人在月球上蹦蹦跳跳移动的方式（由于月球上的重力比地球上小很多）比作"跳舞"，说明了他们的"欢乐"。

怀特的开场白与那个时代其他大部分评论家强调的内容不同，他们主要聚焦在宇航员在月球上的行走既是"个人的一小步"，也是"人类的一大步"（这是阿姆斯特朗著名的表达方式）。登月当然是胜利的——尽管怀特选择去强调其他的东西而不是那场胜利，而这其他的东西，自相矛盾得既谦逊而又更加雄心勃勃。

我们的下一步是要继续抑制冲动不去阐释，我们要去考虑我

们观察到的细节都有什么样的联系。在各种细节之间，我们可以
建立什么样的模式或关系？

联　系

就联系而言，我们看到（和听到）一种转变——随着段落的
进行，作者的语气有所转变。在第三、四、五句话中，怀特从两
个人看上去开心的动作（他们"蹦蹦跳跳地跳起舞"）转而去描
写他们两个人插在月球表面的美国国旗。他提出，僵硬的国旗显
示了国旗不灵动，说明了它处于外太空之中。月球的大气层缺乏
可以让旗子飘扬——以庆祝美国在月球表面行走的胜利——的风
力。第五句话的插入语在基调的严肃感中注入了一点儿幽默。怀
特在这里提到"教训"，在后面连续的几句话中他会展开说明这
一点。

这几句话从开篇两句话的庆祝口吻转变为更严肃的口吻。怀
特将活跃的人与静态的旗帜作比较，传达出口吻上的转变。我们
可能会跟随怀特的思路，去思考本段落前五句话暗示的那些教
训——尤其第三句与第四句。我们也注意到一些重复的词和相关
的细节。比如，单词"国旗"稍后以复数的形式重复出现，在后
面还以"旗帜"的形式重复出现。"插"这个字使用了两次：一
次是插旗子，这是两位宇航员做的动作；另一次是在后文中，怀
特异想天开而又意味深长地表示，应在月球上插上一块手帕。

其他还有一些联系，包括作者提及大自然的一些元素——河流、海洋、天空以及月球。思考这些联系与重复用词所隐含的意义，可以将我们导向文本的意义，而这最初要通过我们对重复用词以及作者对自然世界的参照做出推断。

推　断

对于读者来说，最具挑战性的、最重要的步骤，可能是跳到推断这一步。基于我们做的观察以及在观察所得细节之中建立的联系，我们可以从文本中得出什么样的推断？可能会出现什么样的思考模式的雏形？

推断让我们回过头再去探究文本——再一次地研究（看和听）它的语言和结构。推断促使我们小心谨慎地观察文本；推断鼓励我们再次尝试去研究文本并思考。理想情况下，要大声读出来，去听文本暗示了什么内容，去听文本的韵律并思考韵律对文本意义如何发挥作用。

我在此描述的这一过程是一个重复的、循环的过程。我不想说这只是一个直线型、逐步进阶的过程（首先是观察，然后是联系，接着是推断，再然后到下一个可能是最后的步骤——阐释意义）。其实根本不是这样的。相反，我现在宣布，虽然我们以观察和联系开始，但我们还是需要回过头去观察细节并将它们联系起来，即使是在我们已经做了一些推断以后。因此，我们的推断促进我们返回文本再次观察和联系——然后再接着推断。

不过，现在让我们回到怀特的这篇散文。怀特在前面的基础上写了第六句，这句话更长，比前面的那些句子更复杂。他用这句话塑造了一种对比——人们对宇航员获得的成就，一边是钦佩和民族自豪感，一边是一种更广阔的敬畏感，超越了爱国热情。他认为这次登月不只是美国的胜利。怀特写道，月球"属于所有人"，同时，又自相矛盾地不属于任何人。

临时性的阐释

我们可以从怀特这个段落中得出什么临时性的结论呢？最重要的是，属于又不属于任何人的，不只月球，还有更广泛意义上的大自然。这个自相矛盾的观点也适用于"每一条伟大的河流和每一片伟大的海洋"。怀特在第八句进一步展开了他的普世观点，描述了月球与疯狂和爱恋之间的大家非常熟悉的联系，自然而然地承认了月球对于"每一处海岸"的潮汐有物理影响。另外，怀特再次提到国旗的意象，国旗在此处化作一面"旗帜"，他隐晦地把天空与"旗帜"做比较，在这片天空下，"每一片土地"上的恋人们亲吻彼此。因此，我们被赋予了另一种旗帜，一面蓝色的世界旗帜，以与星条国旗形成对照。

在这一段落中，怀特承认了登月本身的成就，但是这段话中有更多内容让我们去思考。它的结束语传达了一个重要的挑衅。

最后这句话联系了前文中的描述性细节，加强并固化了他认为登月是人类的胜利这一观点，我们错失了看到登月对人类所具有的更大意义的机会。登月对于人类来说，虽然是令人激动的成就，但也是不完美的成就。我们在强调登月是美国的国家成就时，也就错失了可以看到登月对于全世界具有重要性的机会。怀特邀请我们去考量登月的价值以及我们描述这一成就的方式。

评估——考虑价值

怀特认为登月充分显示了人类的智慧，也充分显示了美国的必胜信念，美国的太空项目是人类科技的奇迹。然而，尽管这一伟大的成就展示了这种必胜信念，怀特还是激发读者去思考其他的内容，这些内容超越了与国家或更广泛的人类成就相关的价值观。怀特邀请读者从另一种角度去思考登月的意义。

在这一段的末尾，他通过两个相关的细节来传达这些更广义的观点：第一，他提到了"人们熟知的硫磺岛画面"；第二，他建议用象征"感冒"的白色手帕代替美国国旗。怀特提到的这一画面是"二战"中美国士兵在具有战略意义的太平洋硫磺岛击败日本后举起国旗的标志性画面。他把登月和美国历史上重要的胜利联系起来，只是为了表明登月还有其他的价值，还有其他的方式来思考1969年这一天所取得的成就有其重要性，也可以使用其他更合适的象征去表现它、纪念它和敬畏它。

我们也可以思考这段文本的历史语境，首先涉及怀特提及的硫磺岛典故，然后涉及写作的时间。我们可以思考，怀特的这篇短文在当时收到了怎样的反响，它与许多其他发表在报纸、杂志以及书籍里关于登月的文章相比如何。我们可以思考怀特这篇登月短文对民族主义和国际主义可能产生怎样的文化和政治影响，以及那些观点和与之相关的理想自 1969 年以来是如何在历史上上演的。

文学与辩论

文学作品体现真理的另一种方法是对话和辩论。文学作品中各个人物角色不同意彼此的观点，与对方争论，提出相互对立的观点和反对意见。从索福克勒斯（Sophocles）悲剧中的辩证法，尤其是《安提戈涅》（Antigone）和《俄狄浦斯王》（Oedipus the King）的辩证法，到莎士比亚喜剧中人物之间的妙语巧辩，再到我们在 18 世纪和 19 世纪戏剧中看到的机智争论，论辩都是文学的主要内容。我们认识到论辩在文学作品中以各种不同的方式出现，这并不是说文学的目的就是要为了某个特定的命题或观点而论辩。

文学给予我们的东西，正好是论辩所给予我们的对立面。文学作品并不会断言任何东西，不会"宣称"什么，文学作品中的人物或叙述者若是确实做出带有正式论证特征的宣称或断言，他们并不是以作者或该作品的名义来做出断言的，只是以他们作为自己所居住的那个虚构世界里某个特定时刻下的人物的名义做出的。例如，埃古（Iago）是为自己发声，奥赛罗（Othello）也是一样，而不是为莎士比亚发声。

文学作品所体现的真理是形色各异的、多样的、多元的。读者从《奥赛罗》中学到了什么因人而异，不同的读者在人生的不同时期也会有不同的领悟。小说家和诗人、剧作家和散文家，他们都用不同的方法来论证。下面我们来看两个例子：罗伯特·弗罗斯特的一首无韵诗《修墙》（"Mending Wall"）以及《尤利乌斯·恺撒的悲剧》（*The Tragedy of Julius Caesar*）中的两段演讲。我们来一起考察每个例子中应用的论辩。

罗伯特·弗罗斯特的《修墙》
——鲜明对比的视角

正如蒂姆·肯德尔（Tim Kendall）在《罗伯特·弗罗斯特的艺术》（*The Art of Robert Frost*）一书中所指出的，我们可以认为《修墙》与一系列重要议题的辩论有关，这些议题包括"国家地位和国际主义、自我、睦邻友好、劳动的仪式、人与自然的互动"（50）等。这些议题以及其他与主题有关的挑衅为阐释和辩论鲜明对比的视角提供了原料。我感兴趣的是，弗罗斯特如何让我们参与到诗中对立的说话人（叙述者）和一墙之隔的邻居之间展开的对话和辩论中。因为这首诗篇幅比较长，所以我把它分成几块内容，在每块内容后面做了相应评论。

> 有一点什么，它大概是不喜欢墙，
>
> 它使得墙脚下的冻地涨得隆起，
>
> 大白天的把墙头石块弄得纷纷落，
>
> 使得墙裂了缝，二人并肩都走得过。
>
> 士绅们行猎时又是另一番糟蹋：
>
> 他们要掀开每块石头上的石头，
>
> 我总是跟在他们后面去修补，
>
> 但是他们要把兔子从隐处赶出来，
>
> 讨好那群汪汪叫的狗。我说的墙缝，
>
> 是怎么生的，谁也没看见，谁也没听见，
>
> 但是到了春季补墙时，就看见在那里。[1]

> Something there is that doesn't love a wall,
>
> That sends the frozen-ground-swell under it
>
> And spills the upper boulders in the sun,
>
> And makes gaps even two can pass abreast.
>
> The work of hunters is another thing:

1　《修墙》一诗全篇选用梁实秋先生译本。——编者注

I have come after them and made repair

Where they have left not one stone on a stone,

But they would have the rabbit out of hiding,

To please the yelping dogs. The gaps I mean,

No one has seen them made or heard them made,

But at spring mending-time we find them there.

> 评 论 <

　　在《修墙》的开篇，一位说话者表示并非所有的一切都喜欢或重视墙。但是，他的这一见解以一种不寻常的方式表达出来，作为陈述的主语"一点什么"是非人称的词，指称模糊。这句话的句法也有些奇怪，与人们所预期看到的常规说法相去甚远。这种偏差抓住了我们的注意力，让这一陈述语气更加强烈，比平淡普通的语调和句式更有力。

　　开头几句话让我们象征性地思考这堵墙，因为它们暗示了即使是大自然也反对它。这不仅仅是说话者不喜欢它的问题，尽管似乎是说话者赋予了大自然这种意向性，当然，这种反对的意向性其实是他自己的。他把自己对石墙的厌恶归咎于大自然，解释了石墙会自然地随着气温的季节性变化而破损。

　　在这开头的几句话中，说话者还为这堵墙的破损状态提供了另一个原因：士绅在猎捕兔子的时候，毁了石墙的一部分。即使说话者看到了士绅损坏这堵墙，他在事后还是发现了大自然对这堵墙造成的破坏。这一段的结尾表明，说话者并不是唯一一个发现这堵墙有破损的，而且这堵墙在春天就修补过。

> 我通知了住在山那边的邻居；
>
> 有一天我们约会好，巡视地界一番，
>
> 在我们两家之间再把墙重新砌起。
>
> 我们走的时候，中间隔着一垛墙。
>
> 落在各边的石头，由各自去料理。
>
> 有些是长块的，有些几乎圆得像球，
>
> 需要一点魔术才能把它们放稳当
>
> "老实呆在那里，等我们转过身再落下！"
>
> 我们搬弄石头，把手指都磨粗了。
>
> 啊！这不过又是一种户外游戏，
>
> 一个人站在一边。此外没有多少用处：

> I let my neighbor know beyond the hill;
>
> And on a day we meet to walk the line
>
> And set the wall between us once again.
>
> We keep the wall between us as we go.
>
> To each the boulders that have fallen to each.
>
> And some are loaves and some so nearly balls

We have to use a spell to make them balance:

"Stay where you are until our backs are turned!"

We wear our fingers rough with handling them.

Oh, just another kind of outdoor game,

One on a side. It comes to little more:

> 评 论 <

从这段内容中，我们注意到说话者是如何开始仪式性的春季墙体修复的，以及说话者和他的邻居是如何开展他们的工作的。他们不是在墙的同一侧一起干活，在干活时"中间隔着一垛墙"。这幅图像清楚地说明了墙这种物体的一个象征维度——它将事物和人分开。然而，具有讽刺意味的是，在这首诗描写的场景中，墙也把人们聚到了一起——尽管聚集的人们位于墙的两边。

然而，弗罗斯特只是暗示了这一观点。他描述了一个场景，两个男人一起工作又各干各的，分开来又紧密联系。他们修补的这堵墙，将他们两人分开的同时又把他们团结在一起。这幅画面和它表达的观点既有煽动性，又有矛盾性。之所以具有煽动性是因为矛盾性——两个男人聚在一起是为了将他们两人分开，他们联合起来重建这堵继续将他们分开的墙。而且，诗中有更多的细节支撑着这幅意义双关的图像。"需要一点魔术""我们转过身""把手指都磨粗了"——这是描写团结的措辞；这些描述共同参与的语言与表示分离的语言——"落在各边的石头，由各自去料理。"
和"一个人站在一边"——形成了对比。

这几句话还提出了另外一个观点：修墙也是在玩，是一种
"游戏"。这第二个悖论提出，他们的劳作既是严肃的又是幽默
的，对每个人来说都很重要，但同时也"不过又是一种户外游
戏"，这句话的语气也增加了劳作的游戏感。这首诗接下来写道：

在墙那地方，我们根本不需要墙：
他那边全是松树，我这边是苹果园。
我的苹果树永远也不会踱过去
吃掉他松树下的松球，我对他说。
他只是说："好篱笆造出好邻家。"
春天在我心里作祟，我在悬想
能不能把一个念头注入他的脑里：
"为什么好篱笆造出好邻家？是否指着
有牛的人家？可是我们此地又没有牛。
我在造墙之前。先要弄个清楚
圈进来的是什么，圈出去的是什么，
并且我可能开罪的是些什么人家。

There where it is we do not need the wall:
He is all pine and I am apple orchard.

My apple trees will never get across

And eat the cones under his pines, I tell him.

He only says, "Good fences make good neighbors."

Spring is the mischief in me, and I wonder

If I could put a notion in his head:

"Why do they make good neighbors? Isn't it

Where there are cows? But here there are no cows.

Before I build a wall I'd ask to know

What I was walling in or walling out,

And to whom I was like to give offense.

> **评 论** ◁ ....

说话者用长在两个男人相邻的院子中的不同树种来表示他们的分离。说话者的苹果树上长的是叶子和果实，这就与邻居家长着松果和松针的松树区分开来。诗人进一步将两者区分开来，说话人调侃式地说，他的苹果树不会挤到邻居的松树。这位邻居不懂幽默，也缺乏说话者的幽默感（和优越感），他用那句名言反驳道："好篱笆造出好邻家。"这个回答与这首诗和说话者的开场白——"有一点什么，它大概是不喜欢墙"——形成了鲜明对比。

诗中的人物进行了一场友好的竞赛，这场竞赛没有明确的解决办法。《修墙》让两种截然不同的观点相互对立，它的辩证手法暗示着两种观点都有优点，在某种意义上每一种观点都是正确的——这堵墙自相矛盾地产生了两种不同的后果（正如说话者指出的那样）："圈进来"和"圈出去"，而这两种筑墙的后果都有着一定的用途和价值。

在这一部分，说话者越来越疏远他的邻居。除了运用他的机敏和戏谑，说话者还对一些事情发出质疑。他想知道为什么一堵墙会存在，墙应该发挥什么作用。相反地，邻居没有说话人这种对事物好奇的冲动。他似乎既不需要也不想要一个解释。他不需要知道原因，他只是肯定地说出了他一直相信的东西，那就是"好篱笆造出好邻家"。诗的最后一行还会出现这句话，他对这句话的重复平衡了说话者反复表达他对墙的厌恶感。下面是这首诗的最后一段，他们两人的话彼此呼应形成重复。

有一点什么，它不喜欢墙，

它要推倒它。"我可以对他说这是"鬼"，

但严格说也不是鬼，我想这事还是

由他自己决定吧。我看见他在那里，

搬一块石头，两手紧抓着石头的上端，

像一个旧石器时代的武装的野蛮人。

我觉得他是在黑暗中摸索，

这黑暗不仅是来自深林与树荫。

他不肯探究他父亲传给他的格言，

他想到这句格言，便如此的喜欢，

于是再说一遍，"好篱笆造出好邻家"。

Something there is that doesn't love a wall,

That wants it down." I could say "Elves" to him,

But it's not elves exactly, and I'd rather

He said it for himself. I see him there,

Bringing a stone grasped firmly by the top

In each hand, like an old-stone savage armed.

He moves in darkness as it seems to me,

Not of woods only and the shade of trees.

He will not go behind his father's saying,

And he likes having thought of it so well

He says again: "Good fences make good neighbors."

> 评 论 <

在《修墙》的最后一部分，说话人的描述将他的邻居塑造成
了一个原始人，甚至是一个危险的人。当他描述邻居拿了石头放
在墙上时，他把邻居想象成一个未开化的人，一个把石头当作武
器的野蛮人。就这样，作者再一次给我们呈现了双向视角——这
两个人是友好的邻居，一起修补这堵墙，而这两个人又是敌人，

邻居对说话人来说是一种威胁和危险。

可能让人觉得更具有批评性的是说话人评论邻居"是在黑暗中摸索"，这个黑暗既是字面意义上的黑暗（指他在松树的影子下移动），也是比喻意义上的黑暗（指的并不仅仅是树木的黑暗和树的影子）。说话者暗指邻居的黑暗是无知和迷信的黑暗。他对有逻辑的解释不感兴趣。说话者评论他的邻居"他想到这句格言，便如此的喜欢"，然后重复道"好篱笆造出好邻家"，这里面可不仅仅是一点点讽刺。这当然是在说反话，因为邻居只记得这一句老话，把他从自己父亲那里听到的话背了出来，大概并没有去思考这句话本身的含义，也没有思考自己为什么要认同父亲的断言。

除了矛盾和讽刺，我们还要关注一个问题，那就是作者（也就是诗人）如何看待自己诗中的说话者和邻居。他让说话者的观点占了上风，但把最后一句话留给了邻居。我们也因此理解了，无论说话者怎样去解释为什么需要或不需要这堵墙，邻居都不会让步，他始终偏执地坚持认为："好篱笆造出好邻家。"

那么，这给我们读者留下了什么呢？其中一点是，它让我们去思考，我们是否对于每一个说话者所宣称的修墙后果都能理解和重视。这里的后果，既是有意识的也是无意识的。另外一点是，我们是否接纳这种辩证型的阅读形式，在这种阅读形式中，我们可以看到两个邻居在修墙这件事的目的和价值上有两种不同的角度，同时对其中一种角度保留了偏向性。

这也让我们去思考作者是怎样实现这样一种诗意的写作技巧的——他用普通的陈述写就了诗歌，将事实变成了艺术。通过这种思考，我们也许能注意到作者的写作风格敏捷又柔韧。他所用的语言明确直接，多是单音节的单词。除了第一句话中的倒装句法，这首诗的句子读起来都比较简单，"主语-动词-宾语"这种结构作为主导，有些诗句一行为一个句子。作者将短句与长句平衡，长一些的句子在句子末尾断句，然后跨越到不同的诗行，有时候停顿在句子中间，有时候在句子末尾进入下一行。通过这些跨行连续，作者控制了整首诗的节奏以及韵律，防止它变得单调——这一点他也通过改变抑扬格五音步模式的规律性做到了。弗罗斯特以其独特的写作手法，将富有艺术性的复杂局面表现成似乎是平淡的事实陈述，使用词语和观点进行平铺直叙。意大利将这种手法称为"精心预备过的漫不经心"（*sprezzatura*[1]）。

莎士比亚和经典演说

对论证结构影响最大的是古希腊和古罗马的演说家所发展的经典演说，他们应用这种演说达到惊人的效果。经典演说意在说

1　由文艺复兴时期作家卡斯蒂利奥内（Castiglione）在《廷臣论》（*The Book of the Courtier*）中提出，该书构建的"完美廷臣"论和 *sprezzatura* 理念对欧洲人文思想产生了很大影响。*sprezzatura* 描述的是一种漫不经心的似乎毫不费力营造出来的优雅，隐藏一切技巧的浑然天成。——译者注

服听众使其站在某场激烈辩论的一边。它的组织结构强调演讲人运用不同的方法陈述不同于对手的主张和观点，以及演讲人的论点和主张为什么以及如何是两者中更强的那一方。

这里简要列举一些经典演说的主要元素，对每一个部分的功能也做了简要解释。

1. 绪论

在绪论部分，演讲人或作者介绍主题或问题，同时试图赢得听众的好感。在《言辞像上了膛的手枪》（*Words like Loaded Pistols*）这本书中，萨姆·利思（Sam Leith）指出，绪论是"最强烈的精神召唤最早出现"的地方。

2. 叙述

在这一部分，演讲人或作者把论点放在语境中，陈述当前形势下的事实，解释何时何地发生了什么、有谁参与、如何以及为什么参与。理性和有分寸的语言在这一部分是至关重要的。

3. 划分

接下来，演讲人或作者进行主题划分，解释中心问题、关键性的主张、主题各个部分的讨论顺序。这部分内容还包括我们同意以及不同意对手的地方。

4. 证明

在这一部分，演讲人或作者仔细选择证据和逻辑推理方法为自己的论点提供详细的支持。

5. 驳斥

接下来，演讲人或作者确认对手的论点，并通过展示他们在主张和证据上的弱点来驳斥他们。更多地应用逻辑推理去反驳和驳斥，而不是像前一部分那样去证明。

6. 结论

最后，演讲人或作者总结当前的形势或情况，试图说服听众采取行动。这是压轴大戏，在这一部分，演讲人或作者对情感的渲染达到了高潮。

在这里，我提供的案例不是古希腊或古罗马经典演说的真实案例，而是选自戏剧的案例，以此来补充我们对弗罗斯特《修墙》中论证的思考。在下面两个选自《尤利乌斯·恺撒的悲剧》的例子中，布鲁图斯（Brutus）和马克·安东尼（Mark Antony）的两篇演讲衍生于（并例证了）古代的修辞实践，莎士比亚在学生时代也学习了这种修辞。

在第一篇演讲中，杀害恺撒的凶手之一布鲁图斯向罗马公民解释为什么处死恺撒是必要的也是正确的。在第二篇演讲中，布鲁图斯和恺撒共同的朋友马克·安东尼提供了另一种观点，认为恺撒死于布鲁图斯和他的同谋者之手。

我们先来听听布鲁图斯说了什么。

各位罗马人，各位亲爱的同胞！请你们静静地听我的解释。为了我的荣誉，请相信我，尊重我的荣誉，你

们就会相信我的解释。用你们的智慧谴责我，唤醒你们的理智来评判我。如果今天在场的人中，有人是恺撒的好朋友，我要对他说，布鲁图斯对恺撒的爱不亚于他的感情。如果那个朋友要问，布鲁图斯为什么要起来反对恺撒，我的回答是：不是我不爱恺撒，而是我更爱罗马。你们宁愿恺撒活着，大家做奴隶而死，还是让恺撒死去而所有人都作为自由人而生？恺撒爱我，我为他哀悼；他很幸运，我为之深感欣慰；他英勇坚定，我尊敬他；但是，因为他野心勃勃，所以我杀害了他。以眼泪报答他的爱；以喜悦庆祝他的幸运；以荣誉赞颂他的英勇，而死亡是惩戒他的野心。这儿有谁卑劣至极地愿意做一个奴隶？如果有的话，请说出来，因为我已经冒犯了他。这儿有谁粗鲁至极而不愿意做一个罗马人？如果有的话，请说出来，因为我已经冒犯了他。这儿有谁可恶至极而不爱自己的国家？如果有的话，请说出来，因为我已经冒犯了他。我等待你的答复。

现在我们来听听马克·安东尼说了什么。

朋友们，各位罗马人，同胞们，请听我说！
我今天来，是来安葬恺撒，并不是来赞美他的功德。
人所行的恶死后长存于世，

其善举与其尸骨长埋于地下。

这话就是为恺撒而说的。高贵的布鲁图斯

给你们说恺撒野心勃勃；

如果真是这样，那确实是极其严重的错误，

而恺撒也已经令人伤心地得到报应。

今天在这里，承蒙布鲁图斯及其余各位的许可，

（因为布鲁图斯是一个值得尊敬的人，

他们也是，都是值得尊敬的人，）

准许我在恺撒的葬礼上说几句话。

恺撒是我的朋友，待我忠诚公正，

但布鲁图斯说他野心勃勃，

布鲁图斯是一个值得尊敬的人。

他把许多受俘之人带回了罗马，

国库支付了他们的赎金；

这样的恺撒在你们看来是野心勃勃的吗？

听到穷人哭泣，恺撒也悲恸；

所谓野心，应该由比悲恸更严厉的东西构成吧！

然而布鲁图斯说他野心勃勃，

布鲁图斯是一个值得尊敬的人。

如你们在卢柏克节上所见

我曾三次劝他加冕，

他三次拒绝。

这是所谓的野心吗？

但是布鲁图斯说他野心勃勃，

当然，他是一个值得尊敬的人。

我并不是为了反驳布鲁图斯而这样说，

我所说的都是我所知的。

你们都曾爱戴他，并非无缘由地爱戴；

是什么原因阻止了你们为他哀悼？

啊，明智的判断！你逃匿在野兽的心中，

人们都已经失去了理智啊！请再给我一些时间，

我的心现在已进入这棺材与恺撒同在，

现在我必须要停下直至它回来。

▶ 评 论 ◀ ··

　　就古典演说而言，正如加里·威尔斯（Gary Wills）在《罗马与修辞学》（*Rome and Rhetoric*）中所指出的，布鲁图斯几乎完全依赖于**划分**，他将恺撒的性格和行为划分出几个关键元素：爱、运气、勇敢和野心。他首先列出了恺撒的三大美德，然后断言恺撒"野心勃勃"。在布鲁图斯看来，野心勃勃是一种无法弥补的罪孽，恺撒理应被处死。然而，布鲁图斯的论点忽略了断言恺撒野心勃勃的证据。布鲁图斯没有提供证据，只是以略短一些的语句重复了他的第一次划分，将演说推到了顶点——"死亡是惩戒

他的**野心**"。

在他虚假论证的下一部分，布鲁图斯通过一系列的反问，坚称任何不同意他的评估和惩罚的人都是"**卑劣至极**""**粗鲁至极**"或"**可恶至极**"的，这挑战了他的听众。布鲁图斯把他的听众压得喘不过气来，他建立了一个错误的二分法——在他设想的未来，他的同胞是生活自由还是处于奴役之中，取决于恺撒是死还是活；但并没有理由或证据来支持他的说法。最后，正如威尔斯指出的那样，布鲁图斯的演讲"完全关乎于他自己"（54）。虽然他在演讲中只使用了两次自己的名字，但他使用第一人称的表达多达十九次；[1] 而恺撒的名字听众只听到了七次。

威尔斯指出了布鲁图斯如何吸引听众信任他、相信他本人以及他要说的话（57）。布鲁图斯暗示那些不相信他讲的关于恺撒的这些话的人是在侮辱他——布鲁图斯。他呼吁大家相信他——也就是布鲁图斯——是一个"值得尊敬的"人。"值得尊敬的"这个词在布鲁图斯和马克·安东尼的演讲中都会引起反响，尽管它在两个演讲中的含义明显不同。

马克·安东尼的演讲与布鲁图斯的演讲截然不同。布鲁图斯诉诸恐惧，而安东尼诉诸感情，依赖于听众同情被杀死的恺撒。布鲁图斯证明杀死恺撒是正当的时候，仅用了一个论证再三强调恺撒的野心和他本人的荣誉；而马克·安东尼用了各种有说服力

1　以译文计算。——译者注

的策略，在论证的过程中，他逐渐破坏了布鲁图斯铺垫的内容，改变了听众的想法。

就古典演说而言，安东尼没有采用叙述，因为恺撒的故事是众所周知的。他和布鲁图斯一样也使用了划分的手法；但是，在安东尼演讲的第一个主要部分，他对恺撒的野心提出了疑问。安东尼策略性地使用让步的策略来反驳布鲁图斯的论证。他反复提到"野心"多达七次，对"野心"是否适用于恺撒表示怀疑。随着"野心"和"野心勃勃"这两个词的反复出现，它们与恺撒的关系越来越弱。

随着对"野心"一词的不断重复，安东尼也一遍又一遍地重复了"值得尊敬的"这个词，而且总是带着对布鲁图斯的敬意，比如："因为布鲁图斯是一个值得尊敬的人。"这种重复累积着讽刺，以至于当马克·安东尼演讲结束的时候，他的观众会认为布鲁图斯一点儿也不值得尊敬；相反，他们会由于布鲁图斯的所作所为认为他是一个可耻的人。安东尼证实了恺撒没有野心——这与布鲁图斯对恺撒的说法截然相反，从而反驳了恺撒该死的说法。

安东尼在整个演讲中巧妙地运用问题，他问问题的方式比布鲁图斯更为巧妙。通过他的提问，安东尼诱导他的听众重新考虑他们对恺撒野心勃勃的看法。安东尼没有强调布鲁图斯的断言是错误的，而是邀请听众更全面地反思，并思考恺撒的行为。他举了一些例子，然后他询问事情的本质："这是所谓的野心吗？"

安东尼的问题和布鲁图斯的问题一样都是反问句，但安东尼的问题有效地破坏了布鲁图斯的论点，破坏了布鲁图斯对同谋者谋杀恺撒的辩护。

正是安东尼的结束语决定了布鲁图斯的命运。在安东尼演讲的最后一段，他直接而有力地打动了他的听众。安东尼从听众那里得到了他想要的回应（他——安东尼是一个值得尊敬的人，比布鲁图斯更值得尊敬），令听众激动地进入争论，激起了他们对恺撒的怜悯，同时也激起了他们对杀害恺撒的凶手的愤怒。当观众的情绪到了这个程度，距离他们采取行动便仅一步之遥，因为安东尼的演讲不像布鲁图斯的演讲，他的演讲旨在鼓励他的听众去做一些事情，而不是简单地相信他所说的话。安东尼的最后一步也是极其有效的戏剧性的一步，他用恺撒的尸体作为论证的支柱，就像威尔斯所说的，"他的演说者位置让位于尸体自身的雄辩"（101）。这是一个强有力的视觉修辞，安东尼邀请他的听众参与到一种想象的行为之中——与他一起重新体验恺撒的死亡时刻。当他们这样做的时候，他们会被感动，最终对谋杀恺撒的人采取行动。

或许，安东尼演讲中最有效的整体修辞策略就是他否认自己能有效地（和**有感染力地**）演讲。他假装缺乏演说技巧，把这种力量赋予了布鲁图斯。他声称自己将直言不讳，没有任何欺瞒或别有用心（"我所说的都是我所知的。"他这样在演讲中说）。他的演讲最终产生了最具说服力的效果；但是，他否认自己有意图或有能力。在这个过程中，安东尼以这些方式——显然布鲁图斯没有运用这些方式——展示了巧妙地运用修辞如何能够创造真实。

这一段对文学作品中论证的讨论表明，在我们寻求文学带给读者的真理时，我们经常发现自己——**不可避免地**发现自己——面对着不同的观点和角度。通常情况下，我们对文学作品的阐释就像我们在本章开始时提到的那样，要求我们阐释和评估这些作品对论证的应用（包括明面上的论证和不在明面上的论证）。在这个过程中，我们自己决定什么是真理。

阅读的伦理

文本对某些事情——很多事情——是有益的，这种有益不是指单纯的好处，不总是对于相同的事情以相同的方式对所有读者都有好处，也不适合任何特定的读者。我想我们可以说，文本有利于我们**思考**和**感受**，有利于训练我们的头脑和心灵，有利于激发思想和唤醒感知。

这是华兹华斯的某种观点，将感受转化为思想。在他所著的《抒情歌谣集》（*Lyrical Ballads*）的前言中，华兹华斯写道："我们持续不断涌入的感受受到我们思想的修正和指导，这些思想确实代表了我们过去所有的感受。"（98）在华兹华斯看来，思想源于感受，影响并制约着感受。回忆起来的感受以及深思熟虑后的

感受变成了思想。这一观点也类似于约翰·多恩（John Donne）的"感受到的思想"——由感受激发的想法，活在思想中的感受。我们可以在这里引用 T. S. 艾略特（T. S. Eliot）关于玄学派诗人的散文，他认为多恩和其他玄学派诗人感受他们的思想，他们的思想包含情感和认知。T. S. 艾略特写道，这些诗人"对思想有一种直接的感性理解，或是将思想重新转化为感受"（246）。

我们不必相信作者所相信的一切事情。我们也不必接受在哲学意义上或宗教范畴内对我们来说可能是陌生的东西，比如哈代（Hardy）的宿命论、史蒂文斯（Stevens）的无神论、托尔斯泰（Tolstoy）的历史理论或但丁（Dante）的来世观。但是为了更多地参与到文本中，提高我们对文本的理解——阐释和批评，我们可能不需要去相信，但我们确实需要有所了解。我们应该了解一些文化密码、体裁惯例、某些单词在历史语境下的含义等。了解这种基础知识，对于我们更深层次的文学鉴赏和赏析是极其重要的。

我们之所以阅读，不仅是为了理解，也是为了将文本与我们的生活联系起来，并将它们融入我们自身。我们阅读是为了让文本容易理解，为我们的生活创造意义。如果说在某种程度上我们的饮食造就了我们是谁，那么我们阅读的文本更造就了我们是谁。为了充分利用这些阅读方式，我们需要认识到"**体验、阐释、评价**"对我们的阅读实践有多么重要。如果不考虑我们的阅读体验，我们就低估了阅读的主观意义。如果不去阐释，我们就减少了理解文本的机会。如果不考虑文本的价值，我们就忽略了检验与加强——或是修改和改变——自身信仰和原则的方法。

阅读的伦理也要求我们按照自己希望被阅读的方式来阅读。我们应该以同样的尊重、同样的深思熟虑，付出同样的注意力和观照去阅读其他的文本，就像我们希望别人阅读我们自己的作品时所做的那样。我在这里对梭罗的《瓦尔登湖》（*Walden*）中的语句进行了转述和重复："阅读书籍必须像作者创作它们时一样谨慎而又含蓄。"（403）我们可以试着这样努力专注地阅读。我们可以想象一下，所有的作家都会希望从读者那里得到同样程度的专注。这也许是我们能为这些作家做的最起码的事情，也是我们作为读者对自己最大的期望。

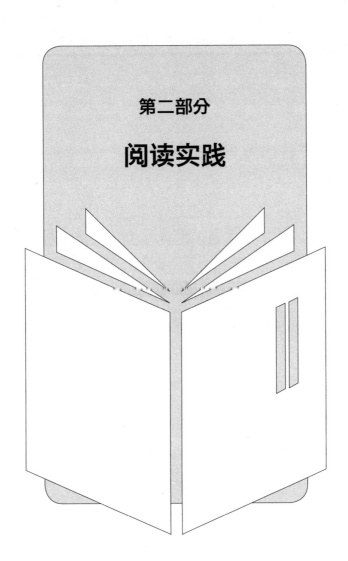

第二部分

阅读实践

第三章

阅读非虚构作品

散文、思想以及对话的乐趣

一篇好的散文必须有这样永恒的特质，即它必须在我们的周围拉起一道幕布，但这道幕布不是将我们隔离在外面，而是将我们围绕在其中。

——弗吉尼亚·伍尔夫

散文作为一种文学体裁

我们为什么要阅读散文？在小说、诗歌以及戏剧的领域，难道没有足够好、足够优秀的文学和娱乐性文学可以阅读了吗？为什么还要花时间去阅读散文呢？

长久以来，散文的文学地位一直不太稳定。在所有的文学体裁中，散文常常被人们认为比其他体裁略逊一筹。在文学历史上，散文出现得较晚，它在很大程度上是一个实用性的工具。散文多半用来告知和劝说，而不是带有娱乐性且能给人带来感动，它属于更实际的范畴而不是富于想象力的范畴，因此，它的地位就没有那么高。

与小说、诗歌和戏剧中对于现实具有想象力的描绘不同，散文牢牢地扎根于实际，它积累证据，并努力解决争论，它操纵着事实。散文解释或探索一系列的境遇，劝说读者以某种方式去看待它们。与其他文学体裁的模糊性和复杂性不同，散文非常直接以及直言不讳。散文可能会采用描述性或比喻性的语言，但主要是为了说明及戏剧化表现，或以其他方式向读者阐释一个概念或表明一种立场。

然而，承认思想在散文中的首要地位，并不否认散文可以是富有想象力的、有远见卓识的或是具有文学性的。阅读散文时如果只关注它包含的信息和观点而忽视其声音和风格，就会减弱它可以带给读者的乐趣。与其他文学体裁一样，散文要求读者积极审慎地阅读，并使读者在这个过程中得到满足。它值得我们去关注它的声音和语调、风格和结构、语言和形式。散文对倾听作者、与作者一起思考的读者予以回报，它们迂回曲折的思想不但让人惊喜，也让人感动。塞西莉亚·沃森（Cecilia Watson）提醒我们，一篇好的散文"展示其作者似乎非常自然的思想活动"

（124）。这里的关键词是"似乎"，因为在现实中，作者为了达到那种自然的感觉，要付出极大的努力去发现、塑造和编辑文章。

对作者来说，散文能使他们有机会厘清思路，弄清楚自己在想些什么，并且理解自己的经历。散文带给我们读者的乐趣是，使我们可以对作者的思考做出回应，在这个过程中，我们也能发现自己在思考些什么。阅读散文时，我们在作者所说的、所展示的内容与我们所感受到的、所知道的东西之间做权衡，对比作者以及我们自己的态度、看问题的角度、信仰和价值观。

好的散文对这些深思熟虑、缜密思考的阅读予以回报。当我们全神贯注于一篇散文时，我们的阅读是在与作者进行对话。我们倾听与学习；我们斟酌与评估；我们有时保持沉默，我们有时也会插嘴和反驳。在最好的情况下，这种全神贯注的阅读，不仅能激发我们批评的能力，也能激发我们的想象力。通过与作者展开想象中的对话，我们变成了同伴，试着以各种方式去思考作者的写作主题——尝试与作者一起创作。

散文能激发以下几种对话。

- 与散文文本的对话——我们对散文文本做出的反应、阐释以及评估；

- 与作者之间的对话，作者虽然在文本之外，但他仍然体现在文本之中；

- 想象作者是谁，他/她为什么写出我们正在读的这篇散文；

- 与我们自己的对话——我们改变想法、改变方向，重新思考散文作者所表达的意思和观点，再度考量我们对这些内容的思考和感受；

- 与其他人之间的对话，其他人是否看到了我们看到的东西，他们是否同意作者和 / 或我们的观点。

我们可以进一步思考，我们作为读者所展开的这些对话也能以作者的角度来考量：作者与其写作主题的对话，作者与其读者的对话，作者与自己的对话，作者与阅读（这可能起初促成了他 / 她的写作）之间的对话。

阅读散文与阅读一些其他文学类型的作品有很多相似之处。有些散文非常像短篇小说，因为它们讲述故事。它们使用描述性的结构，尽管这些故事常常更加真实而不是虚构的。兰斯顿·休斯所写的《救赎》（"Salvation"）与佐拉·尼尔·赫斯顿（Zora Neale Hurston）所写的《我做黑人的感受》（"How It Feels to Be Colored Me"）就是两个显著的例子。像这样的记叙文明确地阐述了它们的想法，不像小说很大程度上是由暗示和联想展示观点。当记叙文包含奇闻逸事的证据时，这些故事就成了文章的主要观点。

有的散文也运用诗歌那种感情充沛的语言，尤其是比喻性语言，包括意象、明喻和暗喻。然而，这种语言上的联系只是近似的。因为，诗歌用别的东西来表达一种东西，而散文作者在传达写作主题和观点时，普遍来说更多地运用字面意思。散文作者常常运用比喻性语言来阐明和解释观点。

散文波谱

有的散文更偏向于叙述而非说明，有的散文表达观点转弯抹角而不直接。我们可以把所有散文放在一个**波谱**上进行定位，波谱的一端是以奇闻趣事以及个人经验为特色的记叙文；另一端则是依赖演绎推理以及其他辩论策略的正式议论文。在这两端之间，我们可以放上探索性散文和说明文（这两类散文有时是分析性的），以及思辨性散文和议论文。散文波谱反映了各类散文的不同目的：讲故事和记事、探索概念和感受、解释观点和态度、表明观点并展示支持性证据。

并非每篇散文都要证实某种观点，一篇散文并不一定是某个明确的论题驱动的议论。散文之间在语调和形式上有着广泛的不同，尤其是思辨性散文，它们几乎没有一个清晰的、容易辨认出来的结构，而是呈现出一个较为松散的文章形式，也较少地受惠于传统的文章组织样式，比如，"问题-方法""比较-对照"或"归类-分类"。思辨性散文是一段段旅程，它们是进入思想的远足，并不一定要抵达某个目的地或是解决某个明确定义的问题。

议论文在提供证据证明观点上有所不同。阅读带有明确论说意图的散文时，我们要评估证据的性质和数量，也要评估作者如何有效利用证据；各种形式的证据在文中何处、如何出现；证据之间如何相互关联；证据如何与散文整体的论证相联系。证据性的支持有很多形式：事实、统计数字、数据、例子、趣闻逸事、类比以及更多其他形式。如果一篇议论文要达到说服的效果，也需要去承认相反的观点存在并去质疑，可能也需要做出一些让步。

议论文正式、直接，思辨性散文没那么正式、直截了当，记叙文与说明文的风格介于这两者之间。读者容易对记叙文做出反应，因为他们喜欢读故事，包括记叙文中通常是事实性的故事。

人们有时会混淆记叙文与虚构短篇故事。然而，散文作者和故事讲述者采用的描述方式不同。散文作者运用叙述，是为了推进、详细阐述、说明、戏剧性地表现或阐明一个观点；而虚构短篇故事纳入叙述性的细节，纯粹是为了故事而已，故事本身优先于我们从中衍生出的任何观点。这是重点的问题。比如，奥威尔（Orwell）写的《射杀一头大象》（"Shooting an Elephant"），全文的很大一部分是由奥威尔（或是虚构的讲述者）如何枪击一头大象的故事组成的。这篇文章建立在奥威尔在缅甸做警官的个人经历的基础上。虽然这个事件拥有相当大的故事吸引力，但是，奥威尔最初讲述这个故事——无论这个故事是纯粹的事实还是部分虚构——其目的其实是想提出一个有关帝国主义的观点。在这篇散文的叙述进行到中途的时候，奥威尔明确提出了这个观点；然后，在散文的结尾部分，他又回归到了这一观点。

说明文与记叙文、议论文不同，说明文也提出观点，但是态度没有议论文那么坚决。虽然说明文可能含有叙述性的元素，但是，这些叙述部分通常比记叙文中的叙述部分更精简，没有充分展开。说明文的目的是解释，让读者对某些事情有清晰的认识，它的这一特征与记叙文相同，但是（又一次地），在叙述的性质、数量和应用方面有不同的侧重上，将说明文与其他散文区别开来。说明文的叙述增加了其他目的，包括推断、解说或议论。通常情况下，散文作者会将不同的形式混合使用，将叙述与推断混合在一起，或是使用说明以及叙述手法，以服务于居于首要地位的明确论述。

散文家们设想并设计他们的散文，他们发现了自己的写作形式，使用任何适用于其目的、读者和应用场景的文章结构模式和写作策略。无论我们在阅读一篇散文时有怎样的体验，无论作者写作该散文的目的如何，根本上而言，一篇散文试图去阐释一种思想，然后探索它，发掘它蕴含着什么意义，最后将作者的思考传递给读者。

散文得益于思考，倚重思考。我们阅读散文、写作散文，是为了发现其他人在想些什么，这样我们就可以更好地审视自身的思考。我们阅读散文，是为了带给我们智力上的刺激。写作散文是为了反复体验一种缓慢、有趣的（有时是痛苦的）探索过程。散文要求读者对深思熟虑、审慎思考进行探索、调查、鼓励和挑衅。散文的意义，远远大于证明某个观点或是提出某个论点。

虽然散文的观点很重要，但它同样也传达作者的感受、态度、冲动和生活经验。散文的创造者米歇尔·德·蒙田在其1580年首次发表的作品《随笔》（*Essais*）中，认识了自己、揭示了自己，向读者传递了他独具一格的存在于这个世界的方式，这部作品于1582年、1587年、1588年、1592年（蒙田去世那年）进行了修订和扩充。正如詹姆斯·奥尔尼（James Olney）指出的那样，蒙田的散文是"一种探索，它提供答案却不是唯一的答案，它有所发现却不是唯一的发现，它给出真理但不是唯一的真理"（64）。蒙田的散文，以及几个世纪以来受他影响的作品中最好的散文，为我们提供了一些洞见，让我们可以洞察我们如何生活，我们应该重视什么以及为什么重视它们。这些散文激发我们去思考那些与人类利益和追求有关的事情，而不是告诉我们应该思考什么或应该做什么。蒙田的散文以及他的追随者的散文，为我们提供了一些方法，让我们去创造及再造自身、找到自我、发现什么对我们最重要以及为什么如此。

"散文"这个词从法语单词*essayer*而来，这个词最初在文艺复兴法语中写作*essaier*，它的意思是去尝试做某事。一篇散文就是一次尝试，尝试着去探索一个观点，发现它蕴含的意义，并向读者传达思考的一些过程及其结果。约瑟夫·爱泼斯坦（Joseph Epstein）——一位坚定的散文家，他在《文学教育》（*A Literary Education*）中将个人散文描述为"一种探索形式"，在探索的过程中，散文家找到他/她在"复杂议题、问题、疑问和话题"上的立场，在这个过程中测试"创作散文的严酷考验中自己的感受、本能以及思考"（381）。大卫·米基克斯（David Mikics）在《快时代的慢阅读》（*Slow Reading in a Hurried Age*）中写道："散文缓缓移动着，突然向左或向右急转弯，碰到一个死胡同，然后在那里停留一段时间。"（291）他又进一步提出，散文依赖于读者和作者之间的"伙伴关系"（291）。我们跟随散文家的漫步，因为散文家吸引我们、娱乐我们，给我们带来惊喜，还能为我们带来一些启发。

　　散文是一种适宜的体裁，读者容易欣赏。散文的要素从熟悉的日常用语而来，一篇散文的声音传达了一个人的思想漫游。散文这种体裁包容性很强，它容纳作家可以想象放入其中的一切。散文很适合作家转换思维方向，以适应他/她在感受上的变化。虽然散文可能缺少诗歌那种或甜美或酸涩的声音，但是，我们还是能在散文家的作品中找到这些味道的。散文可能不会突出古希腊悲剧对话或莎士比亚喜剧中机敏应答所呈现出的轮流对白式辩论，但它也有自己的对立风格。如果说散文作为一种体裁，呈现的不是小说作家通常所创造的那种想象世界，它们其实也能展示出具有想象力的众多可能性——声音、风格、形式、结构、意象和观念上的可能性。没有一个最终的、绝对的、明确的方法，可以去定义、限制和解释一篇散文是什么、做了什么以及能够做什么。散文是一种千变万化的形式。

散文的要素

当我们阅读一篇散文时，要去考量它的基本要素，这是很有帮助的，这些要素包括声音与语气、风格、结构和思想。因为每一个要素都与其他元素共存，所以每一个要素都应该被视为与其他要素相关，并且存在于作品整体的语境中——无论该作品是思辨性散文、记叙文、说明文、探索性散文还是议论文。

声音与语气

我们从散文最直接的特征——声音与语气——开始分析。当我们阅读一篇散文的时候，我们听到了一个作家的声音，就好像有人在跟我们说话。我们听到的声音，可能是命令式的、共谋的、友好的、愤怒的、亲密的、冷淡的、诙谐的、权威的、说教的、幽默的——或者是其他很多种可能的声音。作者的声音是我们理解作品基调、作者对主题的态度的关键。让我们来考量一下乔治·奥威尔在《关于普通蟾蜍的一些想法》（"Some Thoughts on the Common Toad"）的开篇几句话中所呈现的声音。

> 每年燕子归来、水仙花开之前，雪花莲开花不久之后，普通蟾蜍就以它独特的方式向春天的到来致敬。自

去年秋天开始，它就一直藏于洞中并将自己埋起来，它钻出洞口，以最快的速度爬向最近的适宜水域。某种异样，比如土中发生某种震动，也许只是温度略微升高了几度，这些变化告诉它是时候醒来了——虽然有几只蟾蜍似乎睡过了头要错过一年的光景。无论如何，我已经不止一次地在盛夏时节把它们挖了出来，它们居然还活着，而且看上去还活得好好的。

对于这篇散文的开篇段落，我们可以得出什么呢？无疑，我们注意到了它实事求是的语气。我们感觉到某人在谈论他关心的某件事情，并对其给予了相当大的关注。作者向我们分享了他的经历。他向读者提供信息的方式是直接又自然的。他使用了"也许"和"无论如何"这样的词语，这帮助他创造出一种非正式的语气；他加入了一些有关蟾蜍行为的具体细节，这给人一种权威和专业的感觉，这样我们就可以相信他说的话了。作家看上去似乎知识渊博，因而也是可信的。

奥威尔是在描写，而不是在命令，而且他的语言风格是居于中间的——既不过于正式，也不过分随意。如果说有的作家在训诫我们，奥威尔则与我们谈话。有的作家，比如弗朗西斯·培根（Francis Bacon）和米歇尔·德·蒙田，在散文中大量引用文学和历史，而奥威尔的《关于普通蟾蜍的一些想法》则强调经验（不过在其他文章中，奥威尔也会写到文学和历史）。为了对比散文

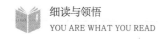
家的声音和语调，让我们来考量一下弗朗西斯·培根的《论复仇》（"Of Revenge"），这篇散文全文只有一个信息密集的段落。

　　复仇是一种原始的正义，人的天性越是倾向于此，法律就越应该将其铲除。先作恶的人只是触犯了法律，而对恶行的报复能使法律失去效用。一个人若对其仇敌报复，无疑地，他与仇敌地位均衡；而当他宽恕仇敌，他的地位则比仇敌高出一等。宽恕需要君王般非凡的气度。我确信所罗门曾说，**宽恕他人之过错是自身之光荣**。过往业已发生，无可挽回；聪明人已然要忙于应对当下与将来之事，因此若是耿耿于怀于过去，他们就是在轻视自己。没有人为了作恶而作恶，之所以作恶，是为了给自己谋求利益、享乐或荣誉等。既如此，我为什么要对某个爱自己胜于爱我的人生气呢？如若有人仅是出于本性不善而作恶，论其原因，这就像荆棘或野蔷薇会刺痛或划伤人的皮肤，因为它们也不会做别的事情。最可容忍的报复是针对法律无法惩治的罪行而施行的报复，但是，施行此种报复的人须当心，留意自己的报复也不会受到法律的惩罚；否则，他的仇敌仍然领先在前，真是伤敌一千自损八百。有些人，复仇时总希望仇敌知晓正义从何而来。这是仁慈的复仇，因复仇之快似乎更多的是让当事人忏悔而不是令其受苦。然有懦夫卑劣奸诈，犹如黑暗中施放的冷箭。佛罗伦萨大公科西莫（Cosmus）曾谴责背信弃义的朋友，仿佛认为这种恶行不可原谅，他说："你应在圣书里读到过基督教我们**要宽恕仇敌的话，但是你从来不会读到我们要宽恕朋友的教诲。**"但是约伯（Job）的精神品调更高，他问道："**我们只乐于接受上帝恩赐而拒绝接受降祸吗？**"推及朋友的问题亦是如此。毋庸置疑的是，钻研复仇的人只会让其伤口常新不愈，否则伤口是可以愈合如初的。公仇多幸运得报，例如恺撒之死、佩蒂纳克斯（Pertinax）之死以及法国亨利三世（Henry the Third of France）遇刺身亡等。私仇却并非如此幸运，更确切地说，欲报私仇者过着巫师一样的生活，生时于人有害，死时人叹可悲。

培根的声音在这篇散文中是正式的，就像在他的大多数文章中一样，体现出权威和客观。奥威尔直接称呼我们为"你"，培根的声音比奥威尔的声音更具有启发性，培根的声音更像是在宣告而不是描述。培根在文中纳入的一些细节和例子，涉及文学和历史，而不是日常生活。书籍和历史人物作为初步证据，被作者权威地呈现出来，这些参照内容反映并体现了一种脱离经验的声音，一种比我们在《关于普通蟾蜍的一些想法》中听到的更疏远、更冷淡、更冷漠的声音。当然，除了这里培根和奥威尔呈现的声音，在其他诸多散文中，我们能听到许多其他类型的声音。

让我们看一看下面这些散文家的声音。

法国玩具：法国人把玩具娃娃视为另一个自我，这是再好不过的例子了。我们经常看到的所有玩具本质上都是成人世界的缩影。

——《玩具》，罗兰·巴尔特

下午三四点钟是喝牛奶咖啡的时间，家里的女人们聚在妈妈的客厅里，她们谈论一些重要的事情，把大家熟悉的故事又拿出来讲一遍，故意让我们这些年轻女孩，也就是她们的女儿偷听了去。

——《家：波多黎各童年片断》，
朱迪思·奥尔蒂斯·科夫尔

让我们这会儿来研究一下蜂鸟。蜂鸟的心脏每秒跳动十次。蜂鸟的心脏只有铅笔头的橡皮擦那么大。蜂鸟的心脏占据了蜂鸟身体的大部分。

——《蜂鸟》，布莱恩·多伊尔

那些日子里，要么与音乐一起生活，要么在噪音中死去，我们选择了拼命地活着。在这一过程中，我们的公寓里塞满了音响设备、电线、光盘和磁带等杂七杂八的东西，它后来看上去就像科利尔大厦，不过那是后来的事了。首先是附近的居民遭了殃，周围混杂着各种酒鬼和一个歌手。

——《音乐生活》，拉尔夫·艾里森

周日凌晨三点——他终于精确地在这个时间因工作劳累而猝死。当然，讣告上并没有这么说。上面说他死于冠状动脉血栓——我想是这样写的——不过他的每个朋友和所有熟人立即都知道了是怎么回事。

——《公司人》，艾伦·古德曼

在我还不到十三岁的那一年，我的灵魂得到了拯救，不过，这并不是真正的救赎。事情是这样发生的。

——《救赎》，兰斯顿·休斯

我是有色人种，但是，在减轻罪责的条件上我没有任何证明可以提供，除了我是美国唯一一个外祖父不是印第安酋长的黑人。

——《我做黑人的感受》，佐拉·尼尔·赫斯顿

对希腊人来说，美是一种美德——一种卓越品质。当时的人们都要做我们现在——有些信心不足地、有些

美慕地——称之为"完人"的人。如果希腊人把一个人的"内在"和"外在"分开，那么他们也还是期望内在美能够与外在美相匹配。

——《女人的美丽：是贬低还是力量》，苏珊·桑塔格

我极其同意这一格言，"最好的政府是治理最少的政府"。我希望看到人们更迅速、更系统地实践这句话。如此实施以后，我相信，它最终将达到这种状态——"最好的政府是根本不执行治理的政府"。当人们做好准备时，这样的政府就会是他们愿意接受的政府。

——《论公民的不服从》，亨利·大卫·梭罗

我在这里，因为我出生在这里，对其他任何地方都一无所知。我不知道你是怎么样。

——《城市的限制》，科尔森·怀特黑德

首先我会写一个句子。对于词语如何组合在一起，我会形成一个想法，就像垂钓的人感觉鱼竿上的线被拉了一下。然后我在脑中大声说出这个句子。接着我在键盘上敲击，试图回忆起它的形状。然后我再看着这个句子，大声念出来，看它是否有韵律的感觉。

——《书呆子的歉意》，乔·莫兰

风　格

　　蒙田的散文风格与弗朗西斯·培根的迥然不同，因此，阅读蒙田的散文与阅读培根的散文所体验到的感悟完全不同。就像培根的散文那样，蒙田的散文也涵盖了各种各样的主题，这些主题通常包括他的个人经历以及从其自身阅读中引用的内容。以下是蒙田最简短的一篇散文［他写得最长的一篇散文是《为雷蒙德·塞朋德辩护》("Apology for Raymond Sebond")，其长度可以作为一本小书了］。《论气味》("Of Smells")代表了蒙田在其三本散文著作的第一本中一贯采用的风格和方法。

论气味

　　据说有些人——比如亚历山大大帝（Alexander the Great）——他们的汗水散发出一种香甜的气味，因为他们的身体是某些罕见且非凡的构造，普鲁塔克（Plutarch）还有其他人都在寻找原因。普通的身体构成恰恰相反，它们最好的状态是没有气味。最为纯净芬芳的呼吸，好就好在没有任何令人不快的气味，就像健康婴儿的呼吸一样。因此，普劳图斯认为：

不散发香气的女人最芬芳。

对女人来说，最完美的气味是什么也闻不到，就像人们说，动作细微且不说话时，她们的动作有着最好的气味。使用香水的人最为公正地认为香水可疑，因为香水是用来掩盖某个区域的一些天然缺陷的。曾几何时，古代诗人说过这样美妙的话语：闻起来芬芳意味着发臭。

你嘲笑我们，因为我们闻起来不香。

我宁愿闻不到任何东西也不愿闻甜腻的味道。

——马提雅尔

在其他地方他写道：

总是带有香甜气味的男人，比如波斯蒂默斯（Posthumus），并不可靠。

——马提雅尔

然而，我非常喜欢被好闻的气味包围着，我对难闻气味的厌恶难以衡量，比其他任何人都能更轻易地从很远处就察觉到它们：

我的气味很快就会被人察觉，

潜藏在多毛腋窝里的山羊味道，

比敏锐的猎犬嗅出野猪的巢穴还要快。

——贺拉斯

　　对我来说，最简单且最自然的气味是最合适的。这个关注点主要影响到女士们。在人口最密集的野蛮部落，斯基泰（Scythian）女性洗漱后，会在面部和全身涂上一种芬芳的本土药物，擦去这些涂料以后，她们会发现自己的肌肤光滑而又芳香。

　　无论什么气味，它都会附着在我身上，我的皮肤非常容易就接纳了它，这真是一个奇迹。如果一个人抱怨大自然，说她没有给人类留下一样工具好让气味传达到鼻子里，那么这个人就大错特错了——气味可以自己传播开来。不过我的情况特殊，我那浓密的胡子发挥了这一作用。如果我拿起手套或手帕靠近它，气味会留在那里一整天。它泄露了我从哪里来。蕴含着青春、风味、贪婪以及黏腻的亲密之吻，一旦沾染上胡子，就滞留在那里几个小时才散。然而，尽管如此，我发现自己很少感染上传染病，传染病通过说话交流以及空气传播。我避开了几次传染病，而我们的城市和军队中有很多人被传染了。我们读到苏格拉底的故事，虽然他从未在多次折磨雅典的瘟疫中选择离开，但是，他也从未发现自己因此身处更糟的处境。

我相信，医生们可能比气味更懂得利用气味，因为我经常注意到，他们用一些药物让我变得更有精神。这让我赞同这样一种观点，即教堂中使用的熏香和香水——在所有民族和宗教中都有如此古老和广泛的做法——是为了使我们获得愉悦，唤醒和净化我们的感官，让我们的状态更适合去沉思。

为了判断这一点，我想与大家分享一下高超厨师的技艺，他们知道如何在食物的味道中增加一些来自外域的调味，在为突尼斯国王服务时尤其如此。在我们那个时代，突尼斯国王曾在那不勒斯（Naples）登陆，与查尔斯大帝（Emperor Charles）会晤。厨师们在他的食物里塞满了芳香的物质，奢华至极，要花一百达克特钱币买一只孔雀和两只野鸡来做填充物。食物切开的时候，不只是餐厅，连同宫殿里的所有房间，甚至附近的房子里都充满了香甜气味，而这些气味过了一段时间都没有消失。

在我住的地方，我最注意的是避免自己呼吸到肮脏恶臭的空气。威尼斯和巴黎这两座美丽的城市削弱了我对它们的喜爱，因为一座城市散发着沼泽地的酸臭，而另一座散发着泥土的刺鼻气味。

读者经常会感到惊讶，一个散文家可以如此友好、随意地讲述自己的经历，在探索一个话题（比如气味）的过程中，可以向读者呈现这么多关于他个人的内容。和培根一样，蒙田也广泛阅读古代文学和历史，尤其是拉丁文的相关著作。然而，与培根不同的是，蒙田直接将阅读与自身生活经历联系起来。两者在《论气味》一文中混合了起来，蒙田将从自己所阅读的诗歌中引用的语句列出来，并加以标识。他在引用历史时——例如斯基泰女性和突尼斯国王——却没有这样做。

阅读《论气味》时，通过思考蒙田对不同气味（包括他自己的气味）的反应，我们打开了一扇门，这扇门通向各种气味，我们觉得有些气味诱人而有些令人不快。

蒙田捕捉到了嗅觉体验的感官本质：气味如何停留在我们身上并且一直存在。通过气味，他记得亲吻的感官愉悦和黏腻的感觉，他记得气味如何扩大它们的影响。今天，我们了解到嗅觉对我们的味觉能力有多么重要，这对蒙田来说尤其重要，正如他在散文中描述的那样，总的来说，不同的气味是"品尝"他的经历的不同方式，通过体验气味吸引他的智力、情感和经验的许多方式，确定它们的独特品质。

首先，作者的风格源于他在词语、句法和比喻语言上的选择。风格是指作者选择和安排文字以塑造自己的语言身份，这种身份就像一个人的脸、声音或指纹一样独特。作者的风格反映并代表了感知世界并将这种感知传达给读者的一种独特方式。风格是作者的作品中最鲜明、最难以捉摸的一部分，风格以其所有的微妙、细微差别和独特性表达了作者的世界。每个作者都在想象他/她自己创造的世界，没有其他作家以相同的方式去想象和呈现它。

前面关于声音的一部分给出了一些示例，里面提到了一些有关作者写作风格的内容。在这里，我们会更近距离地考察两个作家，他们的风格在某些方面有重叠，但是在其他方面还是有差异的。两人都是著名的散文家和小说家，每个人都有自己独特的风格，每个人都写过令人难忘的散文，他们是——詹姆斯·鲍德温（James Baldwin）和爱丽丝·沃克（Alice Walker）。首先是鲍德温的散文《土生子的札记》（"Notes of a Native Son"）中关于父亲的段落，我们不仅要阅读，还要去听。

> 　　他非常——我认为——英俊。这是我从他的照片还有自己对他的记忆得出的。在我还小的时候，他会在星期天穿上最好的衣服，去某个地方布道。他英俊骄傲，有着向内生长的力量，"像趾甲"，有人说。但是对我来说——随着我年龄的增长——他就像我在照片里见过的非洲部落首领那样，赤身裸体，身上涂着出征的颜料，带着一堆野蛮的纪念品，站在长矛中间。站在讲道台上，他会令人感到恐惧；在生活中，他也是令人难以置信的冷酷，他无疑是我见过的最不好惹的人。然而，

我必须说，他身上还埋藏着另一种东西，这种东西赋予了他巨大的力量，那是一种相当具有毁灭性的魅力。这与他的黑皮肤有关，我认为——他很黑——这与他的黑皮肤和帅气的长相有关，与他知道自己皮肤黑但不知道自己长相帅气有关。他声称为自己的肤色感到自豪，但这肤色也是他受到许多屈辱的原因，这肤色也为他的生活划出了暗淡的边界。当我们长大后，他已不是年轻人了，他已经经受了生活中各种各样的毁灭。他爱他的孩子们，他的方式是残暴地苛求而又关切保护，孩子们像他一样是黑人，像他一样受到威胁。他也试图与我们建立联系，不过，出现在他脸上的所有表情，据我所知，从未取得任何成功。当他把某个孩子抱在自己的膝盖上和他玩时，这个孩子总是变得烦躁不安地哭起来。当他试着帮助我们做作业时，有增无减的紧张氛围从他身上散发出来，麻痹了我们的大脑和舌头，这让他几乎不知道为什么就勃然大怒，而孩子也不知道为什么就受到了惩罚。如果说他曾想到回家的时候给孩子们带个惊喜，那种惊喜——几乎总是——不太对的，甚至连他在夏天把大西瓜背回家最后都变成了令人惊愕的场面。我不记得——在这么多年里——有一个孩子看到他回家会感到高兴。从我对他早年生活的了解来看，人们总是认为他无法与他人建立联系，这也是驱使他离开新奥尔良的原因之一。因此，他身上有些东西在摸索、在踌躇，他从未表达过这些，而这种东西也和他一起埋葬了。当一个人面对新朋友并希望给他们留下深刻印象时，他最能够看清楚这些东西。但他没有能够看清楚，也不会再有机会⋯⋯他在一种无法忍受的精神痛苦中度过一生，最终离开人世，这让我感到害怕——我意识到这种痛苦现在是我的痛苦了。

关于这段对鲍德温悲伤的父亲的深刻描写，我们该从何说起呢？鲍德温的散文为何如此有力量？他如何传达父亲存在的现实——父亲的权力与失败、力量与笨拙？这篇文章的风格是正式的、端庄的、雅致的、暗喻的。鲍德温描述了他的父亲、他们的关系以及他们共同生活的环境。他写的东西与自身相关，但写得并不随意。即使他运用了"我""我们"和"我的"，鲍德温郑重的语调在他严肃的措辞中还是显而易见的，比如"有增无减"和"散发"这样的词语。

而且，鲍德温并不是仅仅通过措辞来形成这种严肃的哀伤语调的。句子节奏加强了这种语调。通过在文中插入词语或短语，鲍德温打破了句子的线性运动。鲍德温散文中这种节奏的起起落落增加了风格的庄重感。

● 他非常——我认为——英俊。

- 但是对我来说——随着我年龄的增长——他就像我在照片里见到过的非洲部落首领那样……

- 这与他的黑皮肤有关，我认为——他很黑——这与他的黑皮肤和帅气的长相有关，与他知道自己皮肤黑但不知道自己长相帅气有关。

- 如果说他曾想到回家的时候给孩子们带个惊喜，那些惊喜——几乎总是——不太对的……我不记得——在这么多年里——有一个孩子看到他回家会感到高兴。

此外，鲍德温有效使用了平衡的句法和重复手法，进一步加强了他的严肃语调，比如"他爱他的孩子们……孩子们像他一样是黑人，像他一样受到威胁"。又说："当他把某个孩子抱在自己的膝盖上和他玩时，这个孩子总是变得烦躁不安地哭起来。当他试着帮助我们做作业时……这让他几乎不知道为什么就勃然大怒，而孩子也不知道为什么就受到了惩罚。"鲍德温重复使用某些词语（"黑色""黝黑""美丽""痛苦""骄傲"），并在整个段落中重复平行句子结构，这让这部作品既宏伟又悲情。

我们有一种方法可以欣赏鲍德温的写作风格，那就是把上面这些句子以及其他优秀的句子，都抄在纸上或拍下来。抄写会让我们慢下来，更好地注意到句子的形状和节奏。还有一种方法是模仿文中的一些句子，用我们自己的话题，表达我们自己的观点——同时也要遵循鲍德温的句法模式和严肃措辞。模仿是文艺复兴时期和 17 世纪修辞研究的一种普遍做法。莎士比亚和弥尔顿通过模仿古典时期的作家来学习写作。让我们再来听听另一种语调，下面这个段落是爱丽丝·沃克的散文《寻找母亲的花园》（ "In Search of Our Mothers' Gardens" ）中对母亲的描写。

我是这样认识我母亲的：她个头较高，声音温柔，眼睛里散发着温暖的爱意。在我们家，她很少不耐烦。一年之中，仅有少数几次，她才会显露出脾气急躁的样子，那是她与白人房东争辩的时候，因为那人向她暗示她的孩子不需要上学。

我们穿的衣服都是她做的，甚至我的哥哥们的工作服也是她做的。还有我们用的所有毛巾和床单，都是她做的。整个夏天，她都在装蔬菜和水果罐头；而整个冬天的晚上，她都在做被子，让我们每个人都能温暖过冬。

在"工作"的日子里，她在田地里与我的父亲并肩干活——不是跟在他的身后。她的一天从日出前开始，直至深夜才会结束。从来没有一点儿时间可以让她不受打扰地坐下来，整理一下她个人的思绪，也没有时间不会被工作或众多孩子吵闹的问题搅扰。然而，正是为了我的母亲以及我们所有不出名的母亲，我才会去寻找究竟是什么滋养了黑人妇女继承下来的这种充满活力的创造精神，这种精神屡屡被钳制甚至损毁，但至今仍会在不可能的荒芜之地冒出来。

……在她去田地里干活之前，她会浇花、除草、把新的花园整理好。回家以后，她会把一丛丛球茎分开，挖一个深坑，把玫瑰连根拔起再重新种植，或是给灌木丛和树做修剪，一直忙活到天黑得看不见为止。

她种的任何东西都长得非常好，像施了魔法一样。她会种花的名声传遍了周围三个县。由于她对花卉的这种创造力，我对贫穷的记忆也让满目的花草冲淡了：向日葵、矮牵牛花、玫瑰、大丽花、连翘、绣线菊、飞燕草、马鞭草等。

我记得人们来到母亲的院子，母亲剪下鲜花赠予他们，我再次听到人们的溢美之词纷纷降落在母亲身上。因为无论她所在的地方是什么石质土，她都能把它变成一个花园——一个色彩绚丽、设计新颖、充满活力和创造力的花园。直到今天，人们还会开车经过我们佐治亚州的房子——陌生的或是不陌生的——都想在我母亲的艺术作品中走一走。

我注意到，只有当母亲在她的花丛中忙活时，她才散发出闪耀的光芒，让人几乎无法看清楚她的存在，除了作为造物者——她的手和眼睛创造着美。想必，她一

定是在做着自己的灵魂必须去做的事情。她按照自己所
理解的美的概念来规整这个花园宇宙。

　　和鲍德温一样，沃克也以第一人称来写母亲的故事。她的语
调和鲍德温的语调不同，很大程度上，这是因为她的态度与其相
反。沃克对母亲的爱和欣赏跃然纸上，这些感受在她描写母亲的
细节中尤为明显。沃克的风格比鲍德温更轻松、更随意。她运用
日常用语，记录她的母亲如何与房东"争辩"，写她的脾气几乎
不"显露"出来。她使用简短的句子描写，比如："我们穿的衣
服都是她做的，甚至我的哥哥们的工作服也是她做的。"

　　沃克与鲍德温在句子片段的使用上也有所不同。沃克运用了
两次片段，都是在某个段落的结尾，"一个色彩绚丽、设计新颖、
充满活力和创造力的花园……母亲的艺术作品中走一走"；"她按
照自己所理解的美的概念来规整这个花园宇宙"。作为修辞策略，
片段可以起到强调的作用，能够强有力地推动事实或感受。沃克
的这些写作特点让她的作品比鲍德温的作品更加随意和亲切。沃
克也有能力写出重复的长句，不过，她运用不同的风格技巧打造
了她独有的修辞风格。所以，我们可以像对待鲍德温笔下的句子
那样对待沃克笔下的句子——挑选一些句子，摘抄下来，用我们
自己的主题和观念去模仿它们。

　　在沃克和鲍德温的写作中，另一个值得我们注意以及模仿的
风格要素是他们所运用的比喻手法。沃克的花园反映了她母亲的

创造力。沃克描述了溢美之词"纷纷降落"在母亲身上；她把自己养花和插花比作"艺术"；她把母亲形容为一个"造物者"。鲍德温把有暴躁的行为的父亲比作一个善战的非洲酋长。在一个令人感到没那么荣幸的比喻中，他提到，有人曾经把他的父亲比作嵌入肉里的脚指甲。鲍德温强调说，有些东西"埋藏"在他父亲的身体里，这些东西造就了父亲的力量感以及"毁灭性的魅力"；同时，这些东西也为他父亲的生活设定了"暗淡的边界"。

结　构

　　散文的结构特征不像诗节那样一目了然，也不像戏剧的每一幕和各个场景那样展示出来以供受众观看。对于散文，我们更感兴趣的是作者的思想结构，即一个观点是如何在文中展开的。对于大多数的散文，无论它们属于什么类型的散文——无论是叙述性或说明性、探索性、思辨性或议论性——我们注意到它们基本的三部分结构：开头（或引言）、中间部分（或展开观点）以及结尾部分（或结论）。在分析散文的时候，我们首先确定开头的结尾部分与结尾的开头部分。然后，我们就可以找出中间部分，确定它的各个组成部分——段落或是段落组。顺着这些内容，我们可以自己去理解中间展开的每一部分在该散文中有什么作用，以及每一部分如何与前后的部分相关联。

　　散文有三个基本特征：有吸引力的观点、支持这一观点的证

据以及这一观点展开的形式。如果缺少这三者中的任何一个，就不是散文。如果缺少其中一个要素，一段文本可能是一篇奇闻逸事或回忆录、一篇报告或一篇论文，而不是一篇散文。

比起"论点"，我更喜欢"观点"这个词，因为一方面"观点"意味着散文的思想具有开放性和成长性，而"论点"没有这些。"论点"表示某个东西即将被证明或已经得到证明。它带有一种完结、关闭以及彻底结束的弦外之音。而另一方面，"观点"暗示着一些东西有待探索，这些东西在作者和读者的脑海中反复考虑，一些东西未完成，还有更多内容可以讨论——这给读者提供了一些有意思的东西去展开思考。

比起"组织"，我更喜欢说"结构"和"形式"，因为组织意味着一种系统的格式、一种大纲概要，甚至是一种预先确定的模板——类似于五段式散文，有着锁眼式/漏斗式引言，中间部分有三个段落，每个段落各自阐述论文的三个支撑论点，最后是一个段落结尾，结尾常常以概要的方式重复文章前面说过的内容。

这种组织模式当然有它的用途，但这些用途是有限的。"结构"和"形式"意味着观点可以被塑形，即观点如何展开和进化。

出于类似的原因，我也更喜欢用"证据"而不是"证明"这个词。"证明"指的是已经牢固确立的东西；相比之下，"证据"是需要权衡和考虑的东西，是值得深思和评估的东西。对于一篇散文的证据，我们会评价它在多大程度上是合适、有吸引力以及有说服力的，我们会考量它在多大程度上能在智识上激发读者、在情感上吸引读者；它在多大程度上使我们感到惊讶，因为在作者发现它时，它可能也带给了作者惊讶。

无论散文的结构是哪种类型，无论它们是什么形式，散文都可为读者反思提供机会。它们激发思考，而且它们是写作模仿的样本。奥威尔在《射杀一头大象》中采用了混合结构。

他以描述和叙述去展开开篇段落里的冲突。然而，散文刚过中间点，奥威尔就转而运用阐述，解释了这篇散文关于殖民主义破坏性后果的中心思想。奥威尔把这段解释放在了一个分析性的段落中，其后，故事（以及这篇文章）高潮部分有一段精彩绝伦的描写——叙述者扣动步枪的扳机，向大象开了一枪又一枪，似乎没有任何效果，直到最后，大象倒在了地上。在这个戏剧性的、激动人心的、令人内心跌宕起伏的部分之后，奥威尔继续展现该散文/故事的结局——一个带有讽刺意味的终曲。

弗朗西斯·培根的《论复仇》采用了不同的结构，表现出来的是单独一段印刷文字。没有段落缩进暗示重点转移。但是，培根为他的散文也塑造出了结构。第一个主要的结构变化在这句话："最可容忍的报复是针对法律无法惩治的罪行而施行的报复……"这句话前面的八句话做了两件相关的事情——建议人们最好避免报复（第一至五句），并解释了为什么有些人会对其他人犯下错误（第六至八句）。就在这句话上，培根改变了方向，讨论起不同类型的报复，解释了为什么某些类型的报复比另一些更可取（第九至十二句）。我们可以把这部分看作中间部分，在这几句话里面，他承认复仇确实有一些价值。然而这种状态，他并没有保持太久。在这篇散文剩下的部分（从第十三句开始），培根回归到他早期的建议：复仇对复仇者大多是毁灭性的，它让他们的"伤口常新不愈"，给他们造成"不幸"的后果。最后这一部分形成了这篇散文的结论。

思 想

爱德华·霍格兰（Edward Hoagland）是一位富有才华且多产的散文家，他曾经描述散文就像是"悬挂在两根竿子之间的绳索上，这两根坚固的竿子，一边代表着'我在想什么'，一边代表着'我是什么'"（25）。作者的自我意识体现在他们的风格和声音中——这是霍格兰说的"我是什么"。通过霍格兰所说的"我在想什么"，散文家向读者传达了他们的观点、态度和价值观，他们与读者进行"心灵与心灵"的对话。

一位作者选择了写散文，这就表现出他对事实而不是虚构的兴趣。选择事实而不是虚构，说明了作者对表达观点的关注。即使有时散文家严重依赖叙述来传达情感和态度——像奥威尔在《射杀一头大象》中所做的那样——他们的重点最终还是落在一个观点上。正是观点在散文中占据首要地位，让散文成为散文。

下面是奥威尔在《射杀一头大象》中的核心观点段落。

　　但是，就在那一刻，我环顾四周，看了看跟在我后面的人群。那是一大群人，至少有两千人，而且越聚越多。人群把马路两边都堵住了，堵了很长一段距离。我看着那些黄色的面庞，他们穿着颜色鲜亮的衣裳，为这一点点乐趣，所有人都那么高兴和兴奋，都认为这只大象无疑会被射杀。他们注视着我，就像在注视着一个魔术师表演把戏。他们不喜欢我，不过我手里拿着这把神奇的步枪，我就暂时值得一看。突然，我意识到我终究要射杀这头大象。人们期望我这样做，我不得不这样做；我能感觉到来自他们两千个人的意志推动着我行动，不可抗拒。也就在这一刻，当我手里拿着步枪站在那里，我第一次意识到白人在东方的统治是多么空虚和徒劳。身处此地的我，一个拿着枪的白人，站在手无寸铁的当地人群面前，似乎是这场戏的主演。然而实际上，我只是一个荒谬的傀儡，被身后那些黄色面庞的意志推来推去。在这一刻，我意识到，当白人变成暴君时，他摧毁的是自己的自由。他变成了空洞的摆着姿势站在那儿的人体模型，一个常见的白人老爷形象。因为这是他统治的必要条件，那就是要用一生的时间来打动"当地人"，因此在每一次危机中，他都必须要做符合"当地人"期望的事。他戴着一个面具，然后他的脸渐渐适应了它。我必须射杀这头大象。当我派人去拿步

枪的时候，我就要这么做了。白人老爷的表现要像他的
角色，要行事果断，要有自己的态度，明确自己在干什
么。手里拿着步枪一路走过来了，两千个人跟在我的后
面，然后我什么也没做，虚弱地拖沓着身子回去了——
不，那是不可能的。这群人会嘲笑我。然后，我的一
生，还有每一个白人在东方的一生，都要长久地在嘲笑
声中度过。

在这一段中，奥威尔在大象故事中间插入一些内容，以解释
这段经历的意义，提出帝国主义对被压迫者和压迫者都有破坏作
用。奥威尔不是抽象或是笼统地提出这一观点，相反，他是在一
个特定的背景中来呈现这一点的：20世纪30年代，一位英国殖
民官员在缅甸射杀了一头大象。为了加强这一观点的冲击，奥威
尔运用了讽刺和意象。

在分析奥威尔写的这段话时，我们应该仔细思考这一场景中
谁在负责：谁握有权力？谁看上去有权力？奥威尔如何帮助我们
理解这种权力反转的讽刺意味？他对这种权力转移的观点最直接
的表述是什么？

奥威尔听凭由他领导的人民摆布，这已经够讽刺了，但是，
他通过意象又强调了这种讽刺："主演"是一个"荒谬的傀儡"，
"主演"暗示着他扮演（无意扮演但却无法逃脱）的角色，"傀儡"
指的是他对局面缺乏控制力。奥威尔通过"面具"的意象进一步

强化了他的观点，这扩展了戏剧性的意象。

除此之外，这个面具的意象传达了奥威尔的观点中更为复杂的内容，那就是，尽管一个人最初可能与他所扮演的角色截然不同，但在某种程度上，他确实可能会变成最初只是假装成的样子。"他戴着一个面具，"奥威尔写道，"然后他的脸渐渐适应了它。"最初在戏剧中被人扮演的角色，可以成为个人身份的一部分以及这个角色性格的标志。

这个更有趣、更复杂的观点，有力地引出了奥威尔的说法："当白人变成暴君时，他摧毁的是自己的自由"。这句话非常明确地表明了政治观点。当然，这是具有讽刺意味的，一个人在获得凌驾他人的权力时，就失去了自己的自由。这个似乎自相矛盾的观点，就在全文中心位置至关重要的这一段落的中心，表述了这篇散文的核心思想。

关于观点，最后要说的一点是，思考与感受相互关联地存在。散文家的思想与情感是交织在一起的。作家的思想来源于他／她的感受，思想以感受为基础。爱丽丝·沃克的《寻找母亲的花园》以及詹姆斯·鲍德温的《土生子的札记》表现了那种强烈感受到的思想，以及传达着智慧的热情与敏锐的感受。

阐释的冲动

阐释是一种动态的、持续的思考行为。我们在阅读时理解一段文本的意思，当我们之后回顾它的时候，我们会对它增加理解，或产生不同的理解。对任何文本的阐释都是在我们阅读、思考、重读和反思的过程中形成和再度形成的。

下面，我们以琼·狄迪恩（Joan Didion）的散文《洛杉矶笔记》（"Los Angeles Notebook"）的前两段来进一步地理解阐释。在这一段和整篇散文中，狄迪恩都是在暗示而不是明确地陈述事情。她希望读者能根据她提供的细节自己做出推论。为了做出这些推论，我们在观察到的细节之间建立联系。

以下是狄迪恩的开篇段落。

这个下午，洛杉矶的空气中有某种令人不安的东西，某种反常的静止，某种紧张的氛围。这种不安意味着今晚即将刮起圣安娜风（Santa Ana），一股来自东北部的热风扫过卡洪（Cajon）山口和圣戈尔戈尼奥（San Gorgonio）山口，沿着66号公路掀起沙尘暴，山丘和人的神经都被热风吹干达到燃点。在接下来的几天里，我们将看到峡谷冒起浓烟，听到夜间警报长鸣。我没有听人说起圣安娜风即将到来的消息，也没有读到相关的新闻，但我知道，我今天碰到的每个人几乎都知道。我们知道，是因为我们感觉到了它。婴儿焦躁吵闹。女仆面有愠色。我与电话公司之间一场逐渐平息的争论又重新点燃了，我终止了亏损，然后躺了下来，无论空气中

的东西是什么，听天由命。和圣安娜风共处，就是去接
受——有意识或无意识地——以一种深刻的机械观点看
待人类行为。

在理解这段话的意思之前，我们要重点强调塑造语气和情绪
的一些单词和短语。我们识别出一些让狄迪恩推测圣安娜风即将
来临的细节。确立本段那些更基本、更具事实性的要素之后，我
们可以仔细思考，在描写干燥炎热的圣安娜风不仅吹干了山丘也
吹干了人的神经时，狄迪恩想表达什么。我们需要理解她所说的
"以一种深刻的机械观点看待人类行为"是什么意思。我们从一
开始，就对这些事情有了一种初步的感觉。当我们继续读下去，
然后又重新读回这一段的时候，我们分析这段文字的语言和细节
与狄迪恩在文章进展过程中所运用的语言和细节，我们就会对它
们的含意有一个更清晰的认识。我们再来看另外一段——这篇散
文的第二段。

我记得当我刚搬到洛杉矶还住在一个偏远的海滩上
时，有人告诉我，大风刮起来的时候，印第安人会跳进
海里。我知道那是为什么。在圣安娜风期间，太平洋
会变得异常平滑有光泽，让人觉得不祥，人们会在夜里
惊醒，不仅是因为橄榄树上的孔雀发出尖叫声，还因为
诡异的海浪拍打沙滩。气温高得离奇。天空泛着黄色的

光，这种天光有时被称为"地震前的异常天气"。我仅有的一户邻居好几天都不出门，晚上外面也没有灯，她的丈夫拿着一把大砍刀在房子周围走来走去。某天他会告诉我，他听到有人闯入房子里了；第二天，他又会告诉我，他听到一条响尾蛇的声音。

阐述的关键是去确定关系，去理解段落、句子、细节、意象之间是如何联系的。所以，我们在这里需要确定狄迪恩的两段文字之间的关系。第二段和第一段是如何联系在一起的？《洛杉矶笔记》的第二段是**做**什么的？它展示了两种细节——有关外部世界的细节以及有关人类行为的细节。一旦我们理解了这一点，我们就可以考虑这两种类型的细节有什么共同之处，以及这些新出现的细节与第一段的细节是如何关联的。就散文展开的观点而言，这些累积起来的细节暗示着什么？它们对这篇散文的思想有什么贡献？当我们阅读时，它们又激起了我们什么样的思考？

为了回答这些问题，我们需要仔细研究狄迪恩的风格。当然，我们已经开始这样做了，但我们还需要进一步深入研究。她的选词，她运用的句式、意象、典故和比喻，是如何与她选择的奇闻逸事和细节一起作用来传达她的语调和确立观点的？

狄迪恩的措辞传达出了圣安娜风到来时在洛杉矶人中间出现那种紧张气氛。例如，她写道，空气中有某种"令人不安"的东西，有一种"反常的"静止。她进一步描写这种不祥的预兆，说"**无论**空气中的东西是什么"，自己听天由命。这里含糊的表达是有意为之的，产生这种紧张气氛的原因如此神秘，这增加了人们紧张的反应。紧张和焦虑也反映在狄迪恩用语的其他方面，比如，她把大海描述为"异常平滑有光泽，让人觉得不祥"且"诡异的海浪拍打沙滩"，"离奇"的高温以及"地震前的异常天气"。

难怪人们都很紧张不安。

除了她的措辞令人感到不寻常，狄迪恩还采用了一些传闻证据——这些细节暗示了天气会引发人们产生奇怪的行为。她提到印第安人在圣安娜风期间跳入大海，居民只待在黑暗的房子里不愿意出来。她描写男人拿着一把大砍刀在房子周围走来走去。在接下来的段落中，她描述了战斗爆发，有人策划谋杀。她还报道了炎热干燥的圣安娜风期间，事故发生率和死亡率非常高。我们把观察到的狄迪恩的措辞和选用的细节汇总起来，就会看到狄迪恩如何创造了一种不祥的预感：一场灾难即将到来。

狄迪恩的句子形式加强了她的论点。她在平行结构中重复短语："某种令人不安的东西""某种反常的静止""某种紧张的氛围"。她平衡各个句子，保持简短，以产生强烈有力的效果——"我知道……每个人……知道……我们知道……我们感觉到了它"。她还让句子的长度和形式保持变化。开篇段落中的短句之所以有效，部分原因就在于，它们跟在一系列较长的句子之后。长短句之间的对比有力地给我们留下了印象，传达了狄迪恩确定

的口吻，确立了她的权威。

狄迪恩运用的比喻大多是暗喻。她描写一种能引起燃烧的干燥，当他们"争论又重新点燃"的时候，这种干燥能使人的"神经"达到"燃点"。这种能引起燃烧的干燥，既具有字面意义，也有暗喻意义。字面意义上，当圣安娜风吹起的时候，它极度干燥以至于会有自燃发生。火灾在极度干燥和炎热的共同作用下发生。但是，燃点的概念对人类行为来说也有意义。虽然"燃点"字面上是指物体自燃形成明火的温度，但是从暗喻上来说，它是指人类失去控制、爆发暴力和破坏行为的临界点。

狄迪恩不只是制造出一种不祥和灾难的感觉，通过她的措辞和细节的选择，她帮助我们了解到天气是如何有力地影响人们的行为的。她对细节的积累持续不断。她把细节堆积起来，试图说服我们存在着"机械"的人类行为，试图让我们相信我们是受到天气条件制约的，我们任凭大自然的力量摆布，我们对情绪和行为的控制比我们预想的要差。

不过，狄迪恩的散文并不是一个传统的论说或有逻辑的劝导。她的方法是不同的——隐晦、间接地鼓励人们去思考她在文中不断堆积的细节所蕴含的意义，而不做明晰地论说。为了达到目的，狄迪恩不仅在文中纳入历史和科学的相关"事实"（在后面的段落中，这里并没有摘录），而且还纳入了道听途说的故事、奇闻逸事以及她的个人经历。

狄迪恩是一个目击者，她是我们在现场的眼睛和耳朵。她把客观证据和主观印象混合在一起，为自己未直接表达的论点提出充分的论据，在情感和智力上都吸引着我们。通过积累各种各样历史的、科学的、统计的、个人的、奇闻逸事的信息和细节，她巩固了自己的论点，并强化了我们对圣安娜风来临时的生活的体验。

阅读长篇散文作品

在多大程度上，我们可以将短中篇散文的写作策略应用到长篇散文中呢？比如米歇尔·德·蒙田的《为雷蒙德·塞朋德辩护》、詹姆斯·鲍德温的《下一次将是烈火》以及丽贝卡·索尔尼特的《爱说教的男人们》（*Men Explain Things to Me*）这些篇幅很长的散文。我们该如何阅读像这样的长篇散文呢？一种方法当然是通过声音、语调、风格、结构和思想等文学要素来分析文本。这些传统的分析非虚构作品的方式可以让我们深入了解作家的写作技巧和作品进行的论证——既包括作品所主张或表达的内容，也包括作者如何传达自己的观点并提出支持性的证据。

另一种方法是关注作品的开篇部分，对于阅读任何体裁的长篇作品，从史诗到长篇戏剧［如《凡人与超人》（*Man and Superman*）或《天使在美国》（*Angels in America*）］，再到长篇小说［如《米德尔马契》（*Middlemarch*）或《战争与和平》（*War and Peace*）］，这种做法都能起到实际的帮助作用。

对于篇幅超长、内容丰富的非虚构散文作品，比如《亨利·亚当斯的教育》(*The Education of Henry Adams*)、《论美国的民主》(*Democracy in America*)或《罗马帝国衰亡史》(*The Decline and Fall of the Roman Empire*)，我们可以精读前面几页或前几个章节，去了解这本书的语言、风格和语气，熟悉它的叙述者、风格和创作环境。如果这部作品侧重于对话，我们可以想象书中各种声音在相互作用下听起来是什么感觉。如果这本书更多地依赖于描述性细节，我们可以探究作者纳入这些细节有何目的和意义。仔细研读一部作品的开头，让我们有机会理解结构、风格和论证等重要元素，同时熟悉它的声音、语调以及它可能具有的独特之处。

缓慢而专注地阅读一部作品的开头——不管它有多长——也能让读者做好继续阅读下去的准备。仔细阅读一本书的开头会增加你继续读下去的信心和兴趣。如果我们缓慢而专注地阅读下面这段从塔纳西斯·科茨（Ta-Nehisi Coates）的长篇散文《在世界与我之间》(*Between the World and Me*)靠近开头部分的节选，我们可能会注意到哪些内容呢？

在你 15 岁这年，我写信给你。我写这封信给你，因为这年你看到埃里克·加纳（Eric Garner）因售卖香烟而被掐死；因为你了解到蕾尼莎·麦克布莱德（Renisha McBride）因寻求帮助而被枪杀；因为你得知约翰·克劳福德（John Crawford）在百货商店随便看看却被枪杀；你见到穿着制服的警察开车经过并杀死了塔米尔·赖斯（Tamir Rice），那还是一个 12 岁的孩子，他们曾经立誓要保护的孩子。你现在知道——如果以前你不知道的话——你所在的国家赋予警察部门可以摧毁你身体的权力。如果不幸的过度反应导致了毁灭，那不重要；过度反应是否源于误解，那也不重要；如果毁灭是源于某项愚蠢的政策，那也不重要。没有所谓的授权出售香烟，你的身体会被摧毁。你走进黑暗的楼梯间，你的身体会被摧毁。那些摧毁你的人很少会被追究责任。他们多半还会领取抚恤金。在这些毁灭者的内心里，甚至此时此刻，没有什么独特的邪恶。这些毁灭者只不过是在执行我们国家的奇思妙想，正确地阐释我们国家的传统和遗产。这一遗产渴望束缚黑人的躯体。面对这一点很难。我们所有的措辞——**种族关系、种族分歧、种族正义、种族研究、白人特权**，甚至**白人至上**——都掩盖了种族歧视是一种发自肺腑的体验，它让你感到大脑震荡、气道阻塞、肌肉撕裂、器官被取出、骨骼断裂、牙齿断裂。你绝对不能不正视这一点。你必须永远记住，社会学、历史、经济学、曲线图、图表、倒退都将猛烈地作用在身体上。一个人应该生活在这样一个身体里吗？除了在持续的、世代的、仍在进行的殴打和攻击之下微弱地生存，什么应该作为我们的目标？这个问题，我一生都在追问。通过我的阅读和写作，通过年轻时接触到的音乐，通过与你祖父和你母亲争论，我一直在寻求这个问题的答案。我还在民族主义神话中、课堂上、街头和其他大陆上寻找答案。这个问题无法回答，这并不是说寻求答案徒然无用。我不断地诘问，对抗我的国家残暴的那一面，这样做有着巨大的回报，它让我摆脱了鬼魂和神话的束缚。

▷ **评 论** ◁

这篇文章最初发表在《大西洋月刊》（*The Atlantic*）上，科茨曾担任过这本杂志的特约编辑。这篇文章一经发表就引起了反响，大多数是赞同的，但也有一些批评的声音。这篇文章扩充内容后出版成书，赢得了 2015 年美国国家图书奖非虚构类的奖项，并角逐 2015 年普利策非虚构文学奖项。

科茨以信函的形式提出了建议，这些建议基于他的个人经历。他警告他的儿子，作为一个美国黑人男性，他很可能会过这样的生活。这本书的基调是劝诫式的，其风格从简单直接到激情雄辩。科茨运用了大量精确的细节以使他的建议扎根于他和儿子居住的现实世界。对科茨和许多非裔美国人来说，他们的世界充满了恐惧，那是身体——黑人的身体——可以感受到的恐惧。科茨提醒我们，他们还在承受社会系统的种族歧视所带来的影响，他把这种恐惧描述为"一种发自肺腑的体验，它让你感到大脑震荡、气道阻塞、肌肉撕裂、器官被取出、骨骼断裂、牙齿断裂"。

在给儿子的信／训诫中，科茨探讨了他自己以至美国的任何黑人男性如何在"持续的、世代的、仍在进行的殴打和攻击"之下，做到比生存更具有广阔意义的事情。他没有做任何的安慰，对于社会以及生活中的挑战——不单是在一个种族主义泛滥的世界里生存，他的看法并不令人感到鼓舞。他的见解，当然，不仅建立在个人经验上，也建立在对历史的审视之上，那一长串令人恐惧的事情，包括奴隶制、重建、种族隔离、私刑、争取投票权、住房歧视、健康、教育和公共福利的不平等以及其他令人恐惧的一切。

詹姆斯·鲍德温的《下一次将是烈火》为他的散文和书籍提供了灵感和原型，像鲍德温一样，科茨也在文中为自己的主张提出了令人信服的压倒性证据。鲍德温列举了美国的一长串失败："这是美国白人固守的一系列神话：他们的祖先都是热爱自由的英雄，他们出生在世界上从未有过的最伟大的国家，或是美国人战无不胜且热爱和平，美国人总是令人尊敬地与墨西哥人、印第安人还有其他邻居以及所有不如他们的人相处。"（*Fire* 101）和鲍德温一样，科茨选择直面他所记录的压迫和危险。他无意寻求和解或和谐一致，对借口和补偿没有任何兴趣。

在这本篇幅简短但扣人心弦的书中，科茨自始至终向读者传

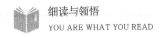

递了黑人（比如他的儿子）生活中残酷的现实，这就让他的儿子和其他读者可以清楚地知道：第一点，如何在威胁他们身体和生活的环境中生存；第二点，如何生活得有一定的尊严、满足感以及人道。他严肃的语调、冷酷的教训一直在文中持续。

理解了科茨作品中这些前面的段落所告诉我们的事情，我们就知道，如果我们要继续读下去，会遇到什么内容。我们理解了，对于科茨和他的儿子来说，他在《在世界与我之间》中给出的建议涉及生死问题。我们也理解了，他的这本书将要带给我们的，不仅仅是知识理解的练习，它也会在情感上吸引读者的注意力，而开篇段落为之提供了充足且令人痛心的证据。

第四章

阅读虚构作品

创造自我的实验室

故事本身成了真理，不只对作者来说如此，对读者来说也是如此。

——露西亚·伯林

阅读虚构作品

故事对我们有什么吸引力？虚构作品带给我们怎样的乐趣？我们阅读故事主要是为了获得情感与智力上的愉悦——为意想不到的转折感到惊讶或不安；对故事走向的期望得以满足时感到欣慰，期望未能满足时感到困惑。精彩的故事将我们带入它们的角色的生活中。故事使我们着迷，它们的文字和意象将角色和他们的激情带到我们的生活中。故事给我们带来了认同的愉悦感和替代体验的刺激，它们让我们走入他人的思想、心灵和世界，我们的同情圈得以拓宽。故事也能增强我们的同理心。

虚构作品还以其他的一些方式影响着我们。故事的情节带我们踏上冒险和发现之旅，为我们带来娱乐；故事向我们展示我们未曾注意或了解的东西，帮助我们以新的方式——可能是从一个不同的角度或另一种现实——看待事情，为我们做指导。"如果，"扎迪·史密斯（Zadie Smith）在《感受自由》（*Feel Free*）中问道，"事情不是当前的样子又会怎样呢？"（337）阅读故事和小说让我们能够体验许多不同领域的生活。这样的体验可以拓宽我们的想象，加深我们对世界的感知以及丰富我们对他人的理解。不过，虽然我们当然可以通过阅读虚构作品来获取信息——比如说，我们可以从希拉里·曼特尔（Hilary Mantel）的《狼厅》（*Wolf Hall*）和托尔斯泰的《战争与和平》中了解到一些历史相关的信息；从伊丽莎白·吉尔伯特（Elizabeth Gilbert）的《万物的签名》（*The Signature of All Things*）中了解到 19 世纪的科学发展；从詹姆斯·乔伊斯（James Joyce）的小说与虚构故事作品中了解到 20 世纪早期的爱尔兰；从乔治·奥威尔的《动物庄园》（*Animal Farm*）和《1984》中了解到极权主义；但是我们阅读这些虚构作品，或者甚至是任何虚构作品，并非主要是为了获取信息。

故事既能满足好奇心，又能激发好奇心，这是我们阅读小说的双动力。阅读小说还可以让我们学习如何生活，认识到生活可能的另一面，在情感上、心理上甚至在精神上获得乐趣和惊喜、感动和改变。此外，故事可以帮助我们理解自我，让我们能够弄清楚我们从哪里来，我们又是如何成了现在的我们。托马斯·纽柯克所著的《为故事而生的头脑》（*Minds Made for Stories*），其书名就暗示了故事在我们生活中的中心地位；通过故事，我们向自己解释自己（22-28）。

　　在阅读小说的过程中，我们得以分享另一个人的想象，采纳他或她（或它）看待世界的方式，不管这个过程多么短暂。因此，故事就像是创造自我的实验室。我们通过故事学习如何成为我们自己，部分是通过扮演我们在小说中遇到的人物角色。小说是我们人生的一次排演。

　　扎迪·史密斯将阅读小说描述为"跃入另一种人生的可能性"（340），同时也是走入这些人物在其虚构的人生中处理复杂的各种决策时的内心世界。小说让我们练习做选择，看着这些选择在别人的生活中而不是在我们自己的实际生活中一幕幕上演。这里举一个例子：乔治·艾略特（George Eliot）所著的《米德尔马契》中的多萝西娅·布鲁克（Dorothea Brooke），她在选择与谁结婚时做了一个错误的决定。多萝西娅满怀理想主义，她选择了嫁给一位无趣的学者爱德华·卡苏朋（Edward Casaubon），这位卡苏朋希望创造出一个宇宙知识的宏大综合体——"解开所有神话的钥匙"。然而，女主人公最终理想破灭，她感到失望沮丧；丈

夫的研究项目胎死腹中，她却为之牺牲了自身精神和智力的成长。读者不用实际承受多萝西娅所遭遇的痛苦，就能看到多萝西娅如何做出对其未来人生有重大影响的决定。

阅读寓言

每个宗教传统都很好地运用了寓言，寓言被定义为"一个具有神圣意义的世俗故事"。寓言被描述为"叙事隐喻"，它编码一次特殊的经历以及一种抽象的经验范畴。寓言是高度压缩、高度集中地讲故事的典型。詹姆斯·吉尔里（James Geary）将寓言称为"袖珍的比喻性思维实验"（82），承认了它们作为思考和学习工具的价值。

寓言是一个微小的世界，重要的东西被浓缩在一个狭小的空间里。正如马克·特纳（Mark Turner）在《文学思维》（*The Literary Mind*）中所建议的那样，在故事与投影——故事与意义——的结合中，寓言为读者提供了一个如何在生活的各个方面构建意义的范例（5）。寓言将思想嵌入故事中，并通过叙述来体现它们。此外，正如迈克尔·伍德（Michael Wood）所说，寓言"需要的不仅仅是阐释"（126）。伍德认为，寓言就像所有的文学形式一样，迫切需要得以应用；它们会邀请——当它们不强烈要求什么的时候——我们将其应用到个人的生活体验中（127），然而，它们不会将我们引向任何特定的应用。

让我们来仔细思考一个大家熟知的来自基督教传统的寓言。它是《新约》寓言中最著名的一则寓言——浪子回头的寓言，来自《路加福音》（Gospel of Luke）第 15 章。

这是詹姆斯王（King James）版本的寓言开头。我在此以中断式（打断式）的阅读方法，一次呈现其中一节。

> 耶稣又说："一个人有两个儿子。小儿子对父亲说：'父亲，请你把我应得的家业分给我。'他父亲就把财产分给他们。过了不多几天，小儿子把他一切所有的都收拾起来，往远方去了。在那里，他任意放荡，浪费钱财。他耗尽了一切所有的，又恰逢那地方有大饥荒，就穷困起来。于是他去投靠当地的一个居民，那人打发他到田里去放猪。他恨不得拿猪所吃的豆荚充饥，也没有人给他什么吃的。

让我们在此稍作停顿，留意一些细节，例如：寓言有着较快的节奏。它开场没用几句话，就开始讲述儿子们的故事，他们分了家业，小儿子挥霍了自己的那一份。我们可能还会注意到，这个故事表达了浪子回头的儿子有多么绝望——他急切地要吃猪吃的豆荚。（在这里我们不会花更多时间去关注在第一个千年的早期犹太文化对猪的憎恶。）

他醒悟过来，就说：'我父亲有多少雇工，粮食有余，我倒在这里饿死吗？我要起来，到我父亲那里去，对他说：父亲！我得罪了天，又得罪了你，从今以后，我不配称为你的儿子，把我当作一个雇工吧。'于是他起来，往他父亲那里去。相离还远，他父亲看见，就动了慈心，跑去拥抱着他，连连亲他。儿子对他说：'父亲！我得罪了天，又得罪了你，从今以后，我不配称为你的儿子。'

这一段话是有力度的，很大程度上要归功于它的语言，特别是反映儿子下定决心回到父亲身边并祈求其原谅的内心独白，我们听到了两次，一次可以说是在"排练"中，另一次是儿子直接和父亲说话。这两段简短的话之间有些许不同。儿子实际对父亲说的话里没有这个浪子本来打算说的话："把我当作一个雇工吧。"我们可能想要知道为什么他在对父亲讲话时省略了这句话。

我们可以给出一些原因，有可能是：（1）因为他忘记了这句话；（2）因为他决定不说这句话了——这句话分量太重了，而且他也不是真的想当雇工；（3）因为在他还没说到那里的时候，父亲就打断了他的话。但是，关于寓言的这一段，让我们来问另一个问题：儿子寻求宽恕是真诚的吗？他对自己的行为感到懊悔了吗？还是说，他在装模作样，只是假装对挥霍自己分到的家产感到遗憾，纯粹相信父亲宽厚的天性——而实际上是在"玩弄"自己的父亲？

到目前为止，我们的重点一直放在这一部分寓言的对话上。但是，我们不应忽视这个寓言最令人惊奇的一个细节——一个值得在此重复一遍的描述性句子。

> 相离还远，他父亲看见，就动了慈心，跑去拥抱着他，连连亲他。

当儿子还在很远的地方时，父亲是怎么看到他的？——除非，这是在暗示父亲一直希望儿子归家，一直在等待，甚至是望着地平线找寻他的身影。"慈心"这个词充满了感情。父亲的情感无法自抑，他就是等不及儿子走向他了。相反，他奔向儿子，搂住他（胳膊搂在他的脖子上）——你无法在身体上再如此接近一个人了——并连连亲他。每一个动词（"跑""拥抱"和"亲"）都暗示着父亲强烈的感情以及对浪子的深切的爱。

所以在这里，重要的不仅仅是说话（对话）的细节，描写和行为的细节也有着重要的意义。

下面是故事的下一部分。

> 父亲却吩咐仆人：'快把那上好的袍子拿出来给他穿，把戒指戴在他指头上，把鞋穿在他脚上，把那肥牛

犊牵来宰了，我们来吃喝庆祝。因为我这个儿子是死而
复活，失而复得的。'他们就开始庆祝。

开头的"却"字很重要，它暗示着一种转换，父亲把儿子说
的关于他不配的话，转移到父亲自己想做的事情上。父亲对儿子
所说的话置之不理，假装没听见。父亲不是直接而是间接地回应
儿子——他命令仆人宰杀肥牛犊，不是宰杀任何一头小牛，而是
一头精选的可以拿来烹饪的牛犊。当然，我们也注意到父亲如何
要求仆人准备最好的长袍、鞋子和戒指——这些都标志着宠爱、
亲情和荣誉。

有关这一部分，最后要注意到的一点是，父亲所用的奇妙的
想象，即儿子复活的比喻——儿子失踪后又被找到。其中一个隐
喻性的转变出现在《路加福音》第15章的另外两个寓言中，浪
子回头的寓言也在这一章中。相较起来，另外两则寓言更加简
短，只描述了失踪的东西被找回。这两则寓言为"浪子回头"这
则寓言更深奥的教义与其对于生和死更深层的隐喻建立了基础，
做好了准备。

现在，让我们继续阅读这则寓言的最后一个段落。如果你还
能记得的话，此时哥哥的心里，正酝酿着一些不愉快。

那时，大儿子正在田里。他回来，离家不远时，听
见奏乐跳舞的声音，就叫一个童仆来，问是什么事。童

仆对他说：'你弟弟回来了，你父亲因为他无灾无病地回来，把肥牛犊宰了。'大儿子就生气，不肯进去，他父亲出来劝他。他对父亲说：'你看，我服侍你这么多年，从来没有违背过你的命令，而你从来没有给我一只小山羊，叫我和朋友们一同快乐。但你这个儿子和娼妓吃光了你的财产，他一回来，你倒为他宰了肥牛犊。'父亲对他说：'儿啊！你常和我同在，我所有的一切都是你的；可是你这个弟弟是死而复活，失而复得的，所以我们理当欢喜庆祝。'"[1]

哥哥是如何知道此时正在发生的事的呢？他听到了音乐，听到了有人在跳舞，于是他想知道发生了什么事。我们可以想象一下，当童仆告诉他欢庆的原因时，他有多么惊讶——更有可能是——震惊和愤怒。他拒不进家门，而且发表了一番言论，狠狠地嘲讽了他的弟弟：他从未称呼为"弟弟"的兄弟——只是他父亲的儿子——"和娼妓吃光了你的财产"的儿子，那个儿子与他如此不同，他是忠诚的长子，他从未辜负过父亲的信任，总是默默支持着父亲，而父亲却从来没有为他这个忠诚的儿子举行过这样的庆祝活动。

这时候，我们就可以提出公平的问题了。父亲的做法似乎有

1　从第 143 页至本页的引文出自《圣经》（和合本修订版）。——译者注

失公平，这是不对的。又或者说，这是对的。是对是错，这当然还是要取决于语境和视角。从一个人的立场来看——从世俗的角度来看——长子的抱怨是合理的。这不公平。对挥霍浪费的儿子予以奖励而把忠诚的儿子视为理所当然，这是不公平的。不过，从基督教的角度来看，这是有道理的。"浪子回头"的寓言提供了一个实例、一个范例，说明了天父爱人之深，即使人的行为就像寓言中的浪子一样，只要他们悔改以及寻求宽恕。所以，这则寓言是对上帝之爱的隐喻。无论我们将其解读为讲述上帝之爱的基督教寓言，还是人类父亲对其任性的儿子（或女儿）的爱的隐喻，这则寓言都强有力地激发着我们去思考一系列不可避免的问题，即父子之间（引申开来，还有父母与孩子之间）的相互关系和责任、错误和失败、承认和悔改、公平、宽恕、正义、怜悯与爱。

两则禅学寓言

源自其他宗教传统的寓言，给精细阅读的读者提供了类似的精神洗礼。在犹太教、伊斯兰教、道教、印度教和耆那教等世界宗教传统中，我们都可以找到引人叹服的例子。我觉得特别有趣的有两则，它们是《学会沉默》（"Learning to Be Silent"）和《泥泞小道》（"Muddy Road"）。这两则寓言都出现在保罗·瑞普思（Paul Reps）编撰的《禅肉禅骨》（*Zen Flesh, Zen Bones*）中，这本书收录了大量的禅宗公案。

因为宗教寓言没有给出寓言故事那样明确的寓意，所以，寓言教给我们什么经验教训则由读者来决定。为了充分发挥我们的阐释能力，有帮助的做法是，辨别一则寓言的多重寓意，可能还可以为我们从中提取的每一个寓意或经验教训想出一个标题。下面是第一则禅学寓言。

学会沉默

　　禅宗进入日本之前，有四位天台宗的弟子曾研习冥想。他们是密友，彼此承诺要沉默七天。

　　第一天的白天大家都沉默无言，冥想研习开了个好头。当天夜晚，油灯变得昏暗，一个弟子忍不住呼唤仆人："给灯补点油。"

　　第二个弟子听到后，感到吃惊。"我们不应该说话的啊。"他说道。

　　"你们两个真蠢。你们为什么要说话呀？"第三个问道。

　　"我是唯一一个没说话的人。"第四个弟子得出结论说。

▷ 评 论 ◁ ·····························

我们在阅读和听别人讲这样一个故事时——因为很大程度上这是一个口述故事，作为口述传统的一部分，由一个讲述者讲述——我们的一部分乐趣来自其情节展开的方式以及其人物行为的方式。

我们可以欣赏故事中简洁的对话，以及每个朋友违背保持沉默的承诺的不同方式。我们也可以欣赏作者或讲述者如何调整叙述节奏，就像一个精妙的笑话，我们能感觉到它在巧妙呈现结尾的关键句前有一个铺垫过程。有了这样的观察，我们就关注到了故事的创造性。

一旦我们有时间来思考这则寓言并多读几遍，我们就可以去仔细思考它的焦点以及中心问题。这个故事是关于什么的？它的主要概念——基本观点和教诲是什么？它讲述了什么道理？这个故事主要是关于沉默的吗？是不是关于在一段时间内保持沉默的困难？如果是这样的话，为什么沉默会成为一个重要的目标——对谁而言？在何种情况下？有何目的？或者说，我们是否认为这个故事更多的是关注"自制"这一更大的问题，即管理自身行为的自律问题？如果这是我们对该寓言的主要（尽管不是唯一的）理解的话，那么，为什么自律或自制的观念很重要？自律和自制的最终目的又是什么？

事实上，如果我们把"沉默"当作中心问题，我们就可以仔细思考保持沉默的目的，这也许就会使我们意识到自律和自制的概念。我们针对这些概念所问的问题，与我们针对沉默所问的问题是一样的——自律或自制的目的是什么？目标又是什么？

但是，我们也许会认为，这个故事并不主要是关于沉默或自律的，而是关于虚荣心和竞争的，是关于人们想要超越他人的欲望的，是关于他们想要在别人失败时取得成功的欲望的，以及吹嘘自己的成功和主宰他人的欲望的。我们可能还会有其他一些观点。显然，《学会沉默》这则寓言故事蕴含的经验教训不止一种。

而我们在提出这一系列思考《学会沉默》的方法时，我们本身就尝试了用不同的观点看问题。在这个过程中，我们一直在考虑对它做不同的阐释，因为我们认为有各种替代性选择和可能性的存在。在某种程度上，在我们讨论寓言的过程中，我们一直都是这样做的，同时我们会考虑不同的重点。

我们不但可以用不同的方式——以多重角度——去思考和"看待"一个故事，我们还可以从相反、对比的角度去剖析。在剖析《学会沉默》中的弟子时，我们注意到，他们每个人都没能遵守保持沉默的承诺。我们还可以补充一点，那就是，他们很快就失败了。他们的目标是保持沉默一周，但实际上他们却连一整天都坚持不下来。因此，我们对这个故事的阐释以及从中领悟到的寓意或经验教训，可能就会充分表达出这个明显的失败。

另外，我们可以从相反的角度来看待这个故事。通过积极地评价故事的结果，我们还可以接受另一种解释。这里为了论证我们的观点，你是否可以把弟子的失败看作是某种对他们来说"好"的事情呢？你能否从他们的经历中提炼出一些有益的东西呢？

举个例子，假设我们认为这几个朋友领悟到了保持沉默是多么难以达到的境界——非常重要的一课。我们要记住的是，他们还是弟子（"弟子"这个词出现了四次），而且他们才刚刚开始踏上掌握沉默的漫长旅程。那么，我们也许可以赞许他们选择了一个雄心勃勃的目标，并且在白天成功地保持了沉默，即使在黑夜来临时他们打破了沉默。他们已经开始修习，在实现那个具有挑战性的目标的过程中他们有了一些进展，不是吗？

甚至在类似《学会沉默》这样非常简短的叙述中，我们也可以去转换角度和关注点。比如说，我们可以问问自己有关"灯的守护者"的问题。故事里的仆人是谁？他们的角色是什么？他们为什么不说话？这是否重要？为什么其中一个弟子语气强硬？他还可以用什么方式来表达他对灯变暗的担忧和自己的需求？简单地说，他是如何对待这个沉默、无形的仆人的？我们从这种对待仆人的方式中能得出什么样的看法？

我们可以思考的另一个方向是故事的背景。故事在哪里发生的？什么时候？我们如何得知？我们是基于什么去推断故事情节的时间和地点的？我们也可能会问，这些细节为什么没有在故事中更充分地体现。因此，这里的策略是，我们要去思考故事没有说出来、没有表达出来的是什么，要去注意缺失了什么、省略了什么，而不是涵盖了什么，这有些矛盾。

我们也可以问自己，这样一个故事起初为什么会被人讲述出来——由谁讲述出来。这类问题引领我们去思考故事的背景——故事文本与细节的外部环境。对于《学会沉默》来说，很重要的一点是，我们要考虑到它的体裁背景，即它是哪种故事，以及它的宗教背景，因为这是一个禅学寓言。由于《学会沉默》来自禅宗的宗教传统，我们可以认为，它所有的核心经验教训中有一条反映了重要的禅宗教义。这些禅宗教义中有一条涉及沉默的重要性，因为沉默是冥想所必需的，而冥想是达到内心宁静的方式；反过来，内心宁静又是达到顿悟或开悟所必需的。禅宗非常强调心灵控制身体的必要性，以此关闭身体持续分散的注意力，这样才能找到内心的平静，达到开悟。因此，沉默对于成功的冥想是必不可少的，而成功的冥想又是达到进入开悟状态这一基本的中心目标所必需的；开悟是佛教徒，特别是禅宗的信徒，所追寻的精神体验。

《学会沉默》这些背景方面的内容丰富了我们的理解，加深了我们对寓言的欣赏。即使我们不了解它的体裁和背景，我们也仍然可以欣赏寓言。我们可以去思考寓言教给我们的重要的经验教训，尽管没有了对上下文的理解，我们重点关注的东西，可能不是宗教相关的，而是更加世俗的。

下面是另一则禅学寓言，供大家分析思考。

泥泞小道

有一次，湛山（Tanzan）和奇都（Ekido）走在一条泥泞小道上。大雨下个不停。走到路口拐弯处，他们遇见一个可爱的女孩，她穿着有腰带的丝绸和服，站在十字路口不知所措。

"来，姑娘，"湛山当即说。他用胳膊把她架起来，背起她跨过了泥泞。

奇都后来一直没有再说话，直到那天晚上，他们抵达一座寺庙借宿，他再也克制不住自己，问道："我们这些僧侣不能接近女性，尤其是年轻可爱的女孩子。这很危险。你为什么那么做？"

"我把那个女孩留在那里了，"湛山说，"你现在还背着她吗？"

《泥泞小道》像《学会沉默》一样，也谈到了说话和沉默的问题。更重要的是，它谈到了"背"的概念，即"背"一个人、背负各种各样的负担意味着什么。湛山背着女孩跨过泥泞的动作十分迅速，遗忘得也十分迅速。对湛山的行为，奇都的"背负"被更加明确地表达了出来，而且拖延了很久。奇都承受了一个更沉重的隐喻性的重量，直到他的负担变得太重而难以承受，他才愤怒、懊恼地对湛山脱口说出那些话。湛山的反驳就像他的动作一样迅速果断。"我把那个女孩留在那里了，"他说，"你现在还背着她吗？"湛山对奇都的谴责，让奇都和我们都感受到了禅的那种典型的突然的思想震动。

我们还可以仔细思考奇都说的话以及湛山的回应都有什么含意。我们可以思考所援引的戒律的本质和语言之间的差异。而且，我们还可以把这两则寓言联系起来，把它们与来自其他宗教传统的寓言联系起来。通过阅读寓言，我们获得了相当大的乐趣，无论这些寓言是来自我们熟悉的传统，还是来自我们不太了解的传统。

小说和现实

小说不同于历史，它是虚构的事实。一般的文学作品，尤其是小说，关注的是普遍的真理，而不是具体的真理。正如诺思罗普·弗赖伊（Northrop Frye）在《培养想象》（*The Educated Imagination*）一书中指出的那样，我们对阿喀琉斯（Achilles）产生兴趣，并不是因为某个特定的叫作阿喀琉斯的人，而是因为阿喀琉斯代表了我们崇拜和恐惧的一些东西，代表了我们渴望成为或希望避免成为的模样（65）。阿喀琉斯所表现出的是伟大战士的壮举。他的愤怒和怨恨、怒火和英雄主义，反映出我们自身的方方面面。在荷马所作的《伊利亚特》（*Iliad*）中，我们读到他和其他英雄的英勇事迹，我们读到的不是实际发生的事情，而是战争中通常会发生的事情。荷马向读者描述的不是具体事物，而是典型事物。他通过具有辨识性的人物——阿喀琉斯、阿亚克斯（Ajax）、阿伽门农（Agamemnon）等人物来描述那些典型的行为和事件，描述这些典型的壮举。

当我们阅读一部虚构作品时，我们在想象中重新创造了作者用文字创造的内容。作者的虚构世界与现实世界相关，但与现实世界不同的是，作者的虚构世界是通过语言想象出来的。斯文·伯克茨（Sven Birkerts）在《阅读生活》（*Reading Life*）一书中，将这种文学手法描述为"迫使人们相信一个与已知世界不同的现实的力量"（17）。

类似于伯克茨的建议，乔治·艾略特在《德国生活自然史》（*The Natural History of German Life*）中写道："艺术（当然包括文学）是最贴近生活的东西，它是一种扩展我们的经验和扩大我们与同伴的联系的模式，超出了我们个人的边界。"（转引自 Wood, *Nearest* 110）温迪·莱赛（Wendy Lesser）在《我为何阅读》（*Why I Read*）一书中说，小说把我们带到了"通过另一种想象，我们可以与自己暂时合作的别处"（146）。艺术模仿生活，但艺术不复制或取代生活，艺术其实是生活的一部分。

然而，对于作为小说和故事的读者的我们来说，它们吸引我们的，并不是它们的貌似真实，或者说逼真的相似性，即它们多大程度上模仿了我们所知的世界，更多的是，小说在与现实世界保持分离的同时如何与现实世界相呼应。赫尔曼·梅尔维尔在

《骗子》（*The Confidence Man*）中这样说道："小说与宗教一样，它应该呈现另一个世界，但对于这另一个世界，我们要能感觉到与它的联系。"（216）

文学与知识

接下来，我会效仿迈克尔·伍德在《文学和知识的审美》（*Literature and the Taste of Knowledge*）中提出的问题，考察一下文学给我们带来的知识种类。"文学知道什么？"伍德提出的这个问题容易引起争论。对此，他的回答有点抽象，那就是，文学包含"知识与生活之间的差距，我们可以说什么与不能说什么之间的差距"（11）。对于伍德来说，文学的知识是委婉传达的（9），确实如此。我认为，一个更具体的答案是，文学知道人们如何生活和思考，知道人们如何做出行动，并揣测人们为何那样行动。文学认为人类会犯错，他们会破坏自己的本性，破坏自己高尚的冲动，对自己撒谎，欺骗自己，有时甚至自我毁灭。文学体现了这种知识，体现了对人类行为的理解，有着对心理的敏锐把握和对社会的理解，通过戏剧和情节、故事布局和人物关系、语言和结构形式展现出来。文学也通过暗示而不是直接的解释来展现这些知识和理解。

文学与知识的关系有众多悖论，其中一条是，文学作品包括肯定的陈述和直接的指示——警告、建议、对于如何行动的指

导——即使它们需要读者带着推理和阐释去阅读理解,而不是明确的警告。伍德认为,一部文学作品的肯定陈述是真实的,即使我们可能想要反对它们,以及即使它们是在虚构的创作中以"好像……"这样的语句呈现的(101-103)。

这里有一些例子:W. H. 奥登(W. H. Auden)的《美术馆》("Musée des Beaux Arts")一诗中"关于苦难他们从未出错/这些古老的大师们";西奥多·罗特克(Theodore Roethke)的《苏醒》("The Waking")中"我通过必走之路来学习生活";列夫·托尔斯泰的《安娜·卡列尼娜》(*Anna Karenina*)的开场白"所有幸福的家庭都一样;不幸的家庭各有各的不幸"。这些肯定的陈述是真实的,因为它们在其所在的作品中发挥了一定的作用。即便如此,读者也可以把它们从上下文中剥离出来,把它们看作说明或是反映人类经验某些真理的主张——哲学概念、心理学隽语或社会学理论。然而,由于这些主张是虚构作品中的想象世界的一部分,我们认为它们具有双面性。一方面,它们在自身所处的虚构世界中作为事实存在;另一方面,它们超越了自身的文学环境,对文学之外的人类生活进行评论并提出建议。

一部文学作品似乎也会提供一些指导或是给出一些指示,例如,赖纳·马利亚·里尔克(Rainer Maria Rilke)在《古老的阿波罗躯干雕像》("Archaic Torso of Apollo")中的建议:"你必须改变你的生活。"伍德主张,这样的指示是委婉的,不仅仅因为它是可争辩的,也因为这样的告诫对我们提出很高的要求,却不指导我们如何以及在何处开始实施这些行为。作为对里尔克诗中说话人的回应，我们可能会问：我们应该如何改变我们的生活？我们应该从哪里开始改变？而且，我们可以更广泛地问自己一些问题：我们该如何对这些忠告做出回应？它们在实践中对我们意味着什么？

上面这些例子都来自诗歌。我们也可以去思考，虚构作品尤其是小说给我们提供了什么样的知识。当然，一种回答是，虚构小说提供了关于社会的知识以及在该社会中找（不）到自身位置的个体知识。小说在个体和社会这两个重点之间摇摆，最好的小说（最重要以及最具影响力的小说）讨论了个体在其所居住的社会环境之中、之外或与之相对的环境中找寻自己的位置时所体现出的多重矛盾对立和模棱两可。比如：《呼啸山庄》（Wuthering Heights）、《弗洛斯河上的磨坊》（The Mill on the Floss）、《小杜丽》（Little Dorrit）、《德伯家的苔丝》（Tess of the D'Urbervilles）、《名利场》（Vanity Fair）、《一位女士的画像》（Portrait of a Lady）、《觉醒》（The Awakening）、《到灯塔去》（To the Lighthouse）、《了不起的盖茨比》（The Great Gatsby）、《喧哗与骚动》（The Sound and the Fury）、《永别了，武器》（A Farewell to Arms）、《看不见的人》（Invisible Man）、《幽灵之家》（The House of the Spirits）、《宠儿》（Beloved）和《使女的故事》（The Handmaid's Tale）等作品。

小说也为我们提供了心理上的理解，最精辟的小说洞察思维模式，这包括决策、妄想、错误的推理以及其他形式的错误想法和误解。小说也引导我们接触有关意识的知识，它根植于19

世纪的文学作品，比如《米德尔马契》和《罪与罚》（*Crime and Punishment*）；但在后来的作品中，它变得更复杂，比如《尤利西斯》（*Ulysses*）与《达洛维夫人》（*Mrs. Dalloway*）。通过阅读这样的小说，我们可以了解到很多心理学和社会学的知识，这些小说为我们提供了理解人类性格奥秘和社会关系复杂性的途径。

从 19 世纪的巴西、英国、法国、德国、俄罗斯和其他国家伟大的小说中搜集到的心理学见解，可能与社会、政治、文化和经济现实相矛盾。然而，一旦小说放弃了现实主义，它所提供的关于社会状态和心理状态的知识，就比不上语言本身以及哲学、政治冲动和煽动所能提供的知识了。当然，这些论述表现的是大致框架，它们只能突出强调小说传达知识、加深读者对自己和世界的理解的某些方式——对生活有价值的知识的形式。让我们简要地看看两个著名的例子，赫尔曼·梅尔维尔的《白鲸》（*Moby-Dick*）和弗吉尼亚·伍尔夫的《到灯塔去》。

《白鲸》与《到灯塔去》

在某种程度上，梅尔维尔的书是对认识的探索，探索什么是可以认识的以及什么是不可认识的。这本书是一本关于认识论的书，是对知识和意义的一次探索。这本书的叙述者以实玛利（Ishmael）作为一个叙事的声音和存在而起伏不定，他富有书生气且处变不惊，他想"看看"这个世界，以便理解它，找到他所经历的一切有什么意义。他像亚哈一样，有着强烈的欲望想要认识更多，但是他渴望知道的东西却与亚哈不同。以实玛利试图将鲸鱼理解为一种生物，但是，他无法从本质上判断鲸鱼到底是什么。尽管他试图对鲸鱼进行定义和分类，但无论他对自己有多大程度的自信，他都无法有把握地判断鲸鱼喷的水汽和皮肤是由什么组成的。各种层面上——鲸类学的科学层面上、绘画的艺术层面上以及语言的局限性上，都证明了表现利维坦[1]（Leviathan）的真实与神秘是不可能完成的任务。

对亚哈来说，白鲸代表了一张面具，这张面具背后隐藏着对其奥秘的解释。鲸鱼是一种无法理解的自然现象。对亚哈来说，这种生物是理解和穿透存在之奥秘的障碍。因此，他发誓要继续探索，击穿面具与表象之墙，即使最后只发现面具后面或外面什么也没有。

梅尔维尔在《白鲸》中多次表明人类知识的局限性：完全的理解是不可能的，就其本质而言，鲸鱼是不可捉摸的幽灵。然而讽刺的是，它被捕获、肢解，有着广泛的用途。即便如此，作为个体和象征的白鲸仍然永恒存在、永远神秘，最终不可知。这是《白鲸》这本书带给我们的知识。

如果说梅尔维尔的这部小说有任何关于文学和知识的启示的话，那就是它说明了令人满意的结论就像母鸡的牙齿一样稀少。

---

1 《圣经》中一种象征邪恶的海怪，通常被描述为鲸。——编者注

盗用梅尔维尔的比喻就是，这就像在浩瀚的海洋中发现鲸鱼一样。这暗示着，我们不可能对自然的力量做出最终明确的解释。我们只剩下贪得无厌的人类思想以及我们对知识根本不可满足的追求。在自身对知识不同的冲动驱使之下，亚哈和以实玛利都发现，受到人类理解力不可避免的局限的阻碍，洞察这个奥秘是不可能的。

弗吉尼亚·伍尔夫的《到灯塔去》采取了不同的策略。通过极其克制地描写人物内心的想法和经验，伍尔夫刻画了人类意识所有联想的主观性。通过思想上的联结，她从内心世界探索人的性格，表现人在思考过程中的智慧。她描绘了思想的流动与意识的流动，揭示了她笔下的人物各自不同的精神状态以及他们展现出的不同思维方式。这不同于《白鲸》给我们带来的知识，乔治·艾略特在19世纪预见到了这种知识，尤其是在她的小说《米德尔马契》中。然而，乔治·艾略特的小说是通过她所擅长的全知叙事手法，从外部唤起一个人物的内心思想。这种叙事手法的创始人蒙田在他的《随笔》中，描写的是他自己的思想，而不是像乔治·艾略特那样，描写的是虚构作品中人物的思想。蒙田分析了他那不停运转着的大脑，绘制它的起伏波动，描绘了他自身独有气质和怪癖的所有奇特的特质。蒙田是第一位意识流作家，伍尔夫欣赏蒙田，她写了一篇关于蒙田的赏析文章，她还写了一篇更为细致的意识流作品，在这部作品中，她描写了以一分钟为单位的即时性的大脑联想活动。

伍尔夫的小说揭示了记忆对人类大脑的影响。伍尔夫的小说——尤其是《达洛维夫人》和《到灯塔去》——所描述的有关人生的道理，依赖于我们无法逃避的记忆，这些记忆让过去和现在同时存在，就像伍尔夫描写的莉莉·布里斯科（Lily Briscoe）这样的人物同时经历着多个时刻。矛盾的是，各个时刻之间既相互联系又各自分离；从它们各自的历史背景中分离出来，过去的时刻和现在的时刻并存，伍尔夫称之为"存在的时刻"。

伍尔夫呈现她笔下人物内心的想法和感受的手段是，呈现一段我们可以偷听到的人物内心独白。她把我们带入那些人物的大脑，他们所有的思想感情与观点态度在大脑中混合交织、合并分离，不自觉地时而聚焦时而模糊。在阅读《到灯塔去》的过程中，我们开始了解思想的不断变化，我们得以体验思想无组织、不断变化、印象主义的特征，因为伍尔夫刻画出了对意识最深处的节奏的感知。

如果说，梅尔维尔通过以实玛利和亚哈在精神及身体上极为不同的视角和行为来表达人类知识的局限性，那么，伍尔夫则传达出了拉姆齐（Ramsay）先生和拉姆齐夫人各自不同的思想状态——拉姆齐先生逻辑性地向外获取知识，拉姆齐夫人直觉性地向内获取知识。他们对知识的追求和求知体验既是矛盾的，又是互补的。拉姆齐先生寻求秩序和精确，他的大脑顺序性、线性地获取信息。拉姆齐夫人和他形成对比，追求统一和完整性；在想象和存在的显著瞬间，她的知识可能是全面的。这两种方式中，

伍尔夫更喜欢哪一种，答案越来越清晰，因为拉姆齐夫人体现和扮演了《到灯塔去》所颂扬的美德及价值。伍尔夫把小说的中心放在了她的身上。正是她的存在和她对书中其他人物的影响，推动了故事的情节，建立了人物之间的关系。正是有了她的气质，这本书才唤起和刻画出了所有的神秘之美。

乔伊斯的《寄宿公寓》与小说的元素

我们有另外一种方法研究小说作者在故事中取得的成就，那就是考察小说的各个元素是如何调度的。詹姆斯·乔伊斯的《都柏林人》（*Dubliners*）中的任何一个故事都可以用这种方法进行分析。我在这里选了一部代表作品——《寄宿公寓》（"The Boarding House"），后面讨论了故事的情节和结构、人物和人物塑造、背景、观点、基调以及主题含意。

寄宿公寓

穆尼夫人是一个屠夫的女儿。她是一个非常能保守秘密的女人——一个意志坚定的女人。她嫁给了给自己父亲干活的工头，他们在春天花园的附近开了一家肉铺。然而，在自己的岳父离世之后，这位穆尼先生立即开始堕落了。他不但酗酒还抢劫，一头栽进了债务中。

让他发誓戒酒是没有用的，因为几天之后，他肯定会再次破戒。他当着顾客的面和妻子争吵，进一些劣质肉，从而自己把生意都搞砸了。一天晚上，他带着剁肉刀去找他的妻子，穆尼夫人不得不借宿在邻居家。

从那以后，他们就分居了。穆尼夫人去找了牧师，然后就与丈夫分居了，独自养育孩子。她既不给他钱，也不给他食物，也不给他留房间住，因此，他不得不应募成为一名治安官。他这个小酒鬼衣衫褴褛、弯腰驼背，脸是白的，脸上面的胡子、眉毛也是白的，一双小眼睛就像用铅笔画在脸上似的，红肿且布满血丝。他整天坐在执行官的办公室里，等待着被安排一份工作。穆尼夫人从肉铺生意中取出了剩余的钱，在哈德威克大街开了一家寄宿公寓。她身材高大，给人留下威严的印象。她的寄宿公寓里一部分访客是流动的，有利物浦（Liverpool）和马恩岛（Isle of Man）来的游客，偶尔还有音乐厅的艺人。常住房客主要是城市里的职员。她对公寓管理有方，精明而又稳稳当当地管理着这个地方，知道什么时候允许赊欠，什么时候应该苛刻，什么时候该睁一只眼闭一只眼。所有常住的年轻房客都称她为"夫人"。

这些年轻人每周付 15 先令的膳宿费（晚餐不含啤酒或烈性黑啤）。他们有共同的品位，职业也相仿，因此，彼此都非常友好。他们在一起讨论哪些马有望取胜，哪些马无望取胜。穆尼夫人的儿子杰克·穆尼是福利特大街上一家佣金代理行的职员，素来名声不好，大家知道他是个难缠的人。他喜欢说些士兵说的下流话。通常，他会在下半夜回家。当他碰到他的这些朋友时，总是能告诉他们一些小道消息，他总是能找到对他们胃口的东西，比如一匹可能获胜的马或是一位可能走红的艺人。他还擅长打棒球，唱一些滑稽的歌。每逢星期天晚上，在寄宿公寓的前厅总会有聚会，音乐厅的艺人会表演节目，谢里登演奏华尔兹、波尔卡舞曲和即兴伴奏舞曲。穆尼夫人的女儿波莉·穆尼也会来唱歌。她唱道：

我是一个……淘气的女孩。
你不必假装，
你知道我是的。

波莉19岁，是个苗条的姑娘，她的秀发轻柔，有一张丰润的小嘴。她的眼睛灰中微微透着绿色，她和任何人说话时都习惯向上看，这让她看起来像一个性格倔强的玛利亚。最开始的时候，穆尼夫人让女儿去一家谷物工厂的办公室当打字员，由于一个声名狼藉的治安官每隔一天就要来办公室一趟，请求允许和波莉说句话，穆尼夫人只好把女儿带回家，让她做家务。由于波莉性格活泼，穆尼夫人打算让她管理这些年轻人。除此之外，年轻男子喜欢身边有一个年轻女子。波莉当然会跟这些年轻人调情，但是，"精明的法官"穆尼夫人知道，这些年轻人只是在消磨时间——没有一个人是认真的。就这样持续了很长一段时间，穆尼夫人发现波莉和其中一个年轻人之间有些什么，就开始考虑让波莉回去打字。她默默地观察着这两个人，不露声色。

波莉知道母亲在监视她，但她也明白母亲保持沉默的用意。母女之间没有公开的共谋，也没有公开的理解。寄宿公寓的人都开始谈论起他们之间的暧昧关系，穆尼夫人还是没有干预。波莉的举止开始变得有点奇怪，那个年轻人也明显感到焦躁不安。最后，穆尼夫人判断合适的时机到了，她就开始介入了。她处理道德问题就像剁肉刀处理肉一样——在这件事情上，她已下定决心。

那是初夏的一个星期天早晨，天气晴朗，气温很高，好在有微风拂面。寄宿公寓的所有窗户都打开了，蕾丝窗帘在支起的窗格下轻轻地向街上飘扬。乔治教堂的钟楼不断地传来钟声，做礼拜的人独自或成群地穿过教堂前的小马戏团。他们戴着手套，手上拿着小册子，这些举止透露了他们的目的。寄宿公寓的早餐结束了，早餐厅的桌子上摆满了盘子，盘子上堆着蛋黄还有培根上的肥肉和外皮。穆尼夫人坐在一把稻草扶手椅上，看着仆人玛丽收拾。她让玛丽把面包皮和碎面包片都收起来，用来做星期二的面包布丁。等到桌子被清理干净，碎面包被收集好，糖和巧克力被锁在柜子里，她开始回想前一天晚上与波莉的谈话。事情正如她所怀疑的那样：她坦率地提问，而波莉也坦率地回答。当然，两人都有些尴尬。她之所以尴尬，是因为她不想在听到这个消息的时候表现得过于漫不经心，也不想让波莉觉得她默许这件事。波莉之所以尴尬，不仅是因为提到这种事情总是会让她尴尬，而且还因为她不希望母亲发现，在她表面的天真背后，其实她已经猜到了母亲容忍她的意图。

穆尼夫人遐想着，突然意识到乔治教堂的钟已经坏了，她就本能地瞥了一眼壁炉台上的镀金时钟。11 点17 分——她有足够的时间把多兰先生的事情解决掉，然后12 点赶到马尔伯勒街。她确信她会赢。首先，她是一个震怒的母亲，社会舆论都站在她这一边。她让他住在自己的屋檐下，以为他是一个正直的人，而他却辜负了她的热情好客。他已经三十四五岁了，不能以年轻或是无知为借口，在这个年纪，多多少少有些见识。他只是利用了波莉，利用她年轻没有社会经验——这都是明摆着的。问题是，他会拿什么来赔偿？

这种情况，必须要做出赔偿。对男人来说，一切都挺好的，他可以像什么都没发生过一样，他也享受了快乐的时光。但是在这种情况下，女孩不得不承受来自各方的压力。有的母亲会满足于要一笔钱来平息，她也知道有这样的案例。但是，她不会这样做。对于她来说，只有一种补偿可以弥补她女儿名誉的损失——婚姻。

她又盘算了一下自己手里能打的牌，然后吩咐玛丽到多兰的房间去告诉他，说她要和他谈谈。她有把握自己会赢。多兰是一个相对稳重的年轻人，不像其他人那样肆无忌惮或大声喧哗。如果是谢里登先生、米德先生或班塔姆·莱昂斯，她要面对的任务就会更加艰巨了。她认为多兰不想受到公众的关注。公寓里的所有房客都对这件事有所耳闻，有些人还添油加醋。除此之外，他还在一个天主教酒商的职位上干了十三年，受到公众关注可能就意味着失去了好工作。如果他同意，大家相安无事。她知道他薪水不错，她怀疑他还有所保留。

快半小时了！她站起来，在穿衣镜里审视自己。面色红润，神情坚定，她对自己很满意，她想起了她认识的一些母亲，她们没办法把自己的女儿嫁出去。

这个星期天早上，多兰先生确实非常焦虑。他之前刮过两次胡子，但手一直不稳，只得停下来。三天没有刮胡子，下巴上长满了红色的胡须，每隔两三分钟，眼镜上就会起一层薄雾，他不得不把眼镜取下来，用随身携带的手帕擦干净。他回忆起前一天晚上的忏悔，感到非常痛苦。牧师从他那里了解到了每一个荒唐的细节，最后夸大其词地说他罪孽深重，以至于自己为有机会钻赔偿的漏洞而心存感激。伤害已经造成了。他现在除了娶她还能做什么，逃跑吗？他不能那样厚颜无耻地生活下去。人们肯定会讨论这件事，他的雇主一定也会听到。都柏林是个小城市，这里每个人都知道别人的事。他焦虑地想象着，伦纳德先生用刺耳的声音喊道："请把多兰先生叫到我这里来。"一想到这儿，他觉得自己的心仿佛跳到了嗓子眼里。

这么多年的工作都白做了！所有的勤勉认真统统丢掉了！当然，年轻时他也有过放荡的生活。在酒吧里，他吹嘘过自己思想自由，在同伴面前否认上帝的存在。但是，这一切都是过去式了，都结束了——差不多结束了。他每周仍会买一份《雷纳德新闻报》（*Reynolds's Newspaper*），他也履行他的宗教义务，一年中有十分之九的时间过着正常的生活。他有足够的钱安顿下来，但是钱不是关键。家里人会看不上她。首先是她的父亲声名狼藉，其次她母亲的寄宿公寓名声也开始有些不好。他有一种感觉，那就是他上当了。他可以想象他的朋友

们谈论起这件事大笑的样子。她有点庸俗，有时她会说
"我懂"和"早知道我就……"。但是，如果他真的爱
她，语法对不对又如何？他拿不定主意自己是喜欢她还
是鄙视她的所作所为。当然他自己也参与了。他的本能
促使他保持自由的单身状态，而不是结婚。它说，一旦
你结婚，一切就完蛋了。

他穿着衬衫和裤子，无助地坐在床边，这时，波莉
轻轻地敲了敲他的门，走了进来。她把一切都告诉了
他，她说自己已经向母亲和盘托出，她母亲上午会和他
谈谈。说着她就哭了起来，双臂搂住他的脖子说：

"啊，鲍勃！鲍勃！我该怎么办？我该怎么办？"

她想了结自己的生命，她说。

他无力地安慰她，让她别哭，告诉她没事的，不要
害怕。透过他的衬衫，他感到她的胸脯激动地起伏着。

这件事并不完全是他的错。以他独身者好奇和耐心
的回忆来看，她的裙摆、她的呼吸和她的手指第一次不
经意地抚摸他，他记得很清楚。一天深夜，当他脱衣服
上床睡觉时，她怯生生地来敲他的房门。她的蜡烛被一
阵风吹灭了，她想向他借火把蜡烛重新点燃，而那晚她
刚好洗完澡。她穿着一件宽松的精梳印花法兰绒夹克。
雪白的脚背在毛茸茸的拖鞋里闪闪发光，皮肤散发着芳
香，热血流淌在肌肤之下。在她点好蜡烛并稳定烛火的

时候，她的双手和手腕也一样散发着芳香。

在他很晚才回来的晚上，她给他热饭菜。他几乎不知道自己在吃什么，只是感觉到深夜的寄宿公寓有她陪在身边。还有她很体贴！如果晚上天气寒冷、潮湿或刮风，一定会有一小杯潘趣酒为他准备好。或许，他们在一起会很快乐……他们过去常常一起踮着脚尖上楼，每人拿着一支蜡烛，在三楼平台上不舍地道晚安。他们还接吻。他清楚地记得她的眼睛、她的抚触，还有，他的狂热……

但是，狂热的阶段过去了。他重复着她的话，用在了自己身上："我该怎么办？"独身者的本能警告他要退缩。但是罪恶感束缚着他，就连荣誉感也告诉他，必须为这种罪行做出赔偿。

他和波莉一起坐在床边，这时，玛丽走到门口说，夫人想在客厅里见他。他站起来穿上大衣，又披上马甲，从未如此无助。他穿好衣服后走到波莉面前安慰她："没事的，不要害怕。"他留她一个人，她在床上哭泣并轻声悲叹道："哦，我的上帝！"

他下楼的时候，因为潮湿，眼镜又模糊了起来，他不得不把眼镜摘下来擦干净。他渴望着自己能爬上屋顶，飞到另一个国家去，他在那里再也听不到人们议论他的麻烦事，然而，一股力量又推着他一步步走下楼梯。他的老板和夫人那无情的面孔注视着他的狼狈不堪。在最后一段楼梯上，他碰到了杰克·穆尼，他正从食品储藏室拿了两瓶巴斯啤酒上来。他们冷冷地向彼此致意，他的目光留意到那张肥厚的斗牛犬一样的脸以及粗短的一对胳膊。当他走到楼梯脚下时，他向上瞥了一眼，杰克在房间门口看着他。

突然，他想起了一个晚上，音乐厅的一位艺人——一个金发碧眼的伦敦人——相当随意地嘲讽波莉。那场聚会几乎被杰克随后的暴力行为破坏了。所有人都想让他安静下来。那位音乐厅的艺人脸色虽然比平时要苍白一点儿，还是一直微笑着说自己没什么恶意，但是杰克一直对着他咆哮：如果有人再想开他妹妹的玩笑，他会把他的牙齿扯下来塞到那个人的喉咙里。他一定能说到做到。

波莉在床沿坐着哭了一会儿。然后，她擦干眼泪走到镜子前，把毛巾的一头浸入水罐中，用凉水给眼睛消肿。她侧身看着自己，重新调整了耳朵上方的发夹。然后她又回到床边坐在了床尾。她凝望着枕头，眼前的枕头唤起了她脑中秘密而又亲切的记忆。她把脖颈靠在冰凉的铁床栏杆上，陷入了遐思。她的脸上再也看不出一丝不安。她耐心地等待着，心情近乎是愉快的，惊慌也已经不在了，她的记忆逐渐被她对未来的希望和憧憬所

173

取代。她的希望和憧憬是如此复杂，以至于她再也看不见眼前凝视着的白色枕头，她在等待着什么也已经记不清了。

终于，她听到母亲在叫她。她站了起来，跑到楼梯扶手那里。

"波莉！波莉！"

"在呢，妈妈，什么事？"

"下来，亲爱的。多兰先生想和你谈谈。"

就在那时，她想起了她一直在等待着什么。

▶ 评 论 ◀

情节与结构

关于《寄宿公寓》的情节，我们可以得出什么结论？对于该故事的情节发展以及该作品的结构，我们可以强调哪些内容呢？就故事情节本身或故事情节的推进而言，我要特别指出，故事从一开始把焦点放在穆尼夫人身上，迅速过渡到她的女儿——波莉，波莉在第三段结尾时出现，从那里开始主导这个故事，不过故事的焦点在她和鲍勃·多兰两个人的身上，直到故事结尾，焦点顺利地回归到穆尼夫人身上。波莉的性吸引力被作者加以强调，鉴于寄宿公寓里居住的都是年轻男子，这让读者猜测后面会有什么事情发生。在波莉诱惑着有着体面工作和中产阶级威望的鲍勃·多兰的过程中，穆尼夫人显得不活跃，因此，穆尼夫人徘徊在故事情节的边缘是一种蓄意的策略、一种怂恿，甚至对波莉是某种形式的鼓励，让她对毫无戒备、急切地参与"共谋"的多兰施展诱惑。在这个故事中，一系列的故事情节包括母亲与女儿之间的共谋，让一个适合结婚的对象陷入罗网。

故事情节集中在多兰是否决定要娶波莉上，并且推动着他做决定，也让穆尼夫人决定晚些时候再与多兰先生对峙，他的不祥预感由此加剧了，而逃脱的机会减少了。乔伊斯没有向读者描述性诱惑的真实场景——多兰和波莉的亲密关系其实发生在故事拉开序幕之前。在故事发展的中间阶段，乔伊斯从多兰的角度向读者呈现了一个倒叙片段。即使那一幕非常简短，并且是通过多兰的记忆来表现的，但是也暴露出他面临的极度痛苦的窘境。

从结构上讲，故事的开始和结束都是穆尼夫人牢牢掌控着局面，首先是她掌控着寄宿公寓，然后掌控着波莉和多兰的窘境。就结构而言，我们也应该思考一下，最后，多兰和穆尼太太在客厅等着波莉下楼，故事为什么在这里结束，为什么以这样的方式结束？为什么乔伊斯不让我们继续听接下来必然产生的对话呢？对于波莉和多兰的未来，我们有什么样的想象呢？乔伊斯把这些想象都留给了我们，同时，他也让我们自己去想象穆尼太太审问多兰的细节——他们对彼此说了些什么，他们会有怎样的行为表现，他们感受到什么，想到了什么。而他们在客厅里单独会面（穆尼太太审问多兰）的时候，波莉在楼上满怀期望地等待着。

人物与人物塑造

就《寄宿公寓》而言，最有趣的地方是乔伊斯如何描述每个人物的主要特征。在故事的开场白中，他通过事实性的信息（她是屠夫的女儿）来介绍穆尼夫人，同时提供一些评价性的信息（她会保守秘密，意志坚定，有能力经营生意）。作为一个屠夫的女儿，她的社会地位并不高，丈夫酗酒毁了他们的生意，这又进一步恶化了她的处境。然而，穆尼夫人并没有被失败吓倒，她开了一家寄宿公寓，"精明而又稳稳当当地"经营着，这显示出她是一个"精明的法官"的角色。

由于穆尼夫人具有这些品质，我们可以给予她一定程度的尊重。不过，我们对她的欣赏又有一些佐证，因为我们了解到她被称为"夫人"，尽管这个称呼多少暗示着不好的声誉。我们会对她产生道德上的怀疑，因为我们看到她如何利用波莉作为诱饵来吸引年轻的男性来公寓寄宿，让波莉和他们调情，希望找到一个能"当真"的人——当然是能当真结婚。

乔伊斯笔下所刻画的波莉是具有诱惑力的，她的魅力部分源于她对人主动（"我是一个……淘气的女孩"，她这样撩拨异性），部分源于她假装害羞，假装躲躲闪闪。乔伊斯写道："她和任何人说话时都习惯向上看，这让她看起来像一个性格倔强的玛利亚。"她苗条的身材暗示着脆弱，丰满的嘴唇暗示着感官享受。她与圣母玛利亚的联系（即性格倔强）是作者暗示出来的，而不是直接陈述出来的。这很好地平衡了她母亲的"夫人"的名号——这个词也是暗示，作者将这两个词留给读者想象，也留给那些寄宿在穆尼夫人那里的寄宿者们去想象。

在这个故事中，乔伊斯使用了另外两种刻画人物的手段：他通过表面的一些细节来揭示人物的心理状态，比如鲍勃·多兰的镜片上起了雾，还有想要刮胡子却没成功时他的手在颤抖。他还让我们进入人物的意识，告诉我们关于他们的想法和感受，以此来揭示人物的心理状态。在这部家庭微戏剧中，谁是掌控者毋庸置疑。故事的结尾，波莉应答母亲，这一行为确认了穆尼夫人作为主角和掌控者的存在。多兰先生也和波莉一样，听从未来岳母的命令。

背景设定

《寄宿公寓》收录在《都柏林人》故事系列中，它的背景设定对意义来说至关重要。鲍勃·多兰和穆尼夫人所信仰的天主教影响了他们的行为。多兰认为，他需要通过与波莉结婚来"赔偿"自己犯下的性罪孽，他的内疚感根植于他的天主教文化传统。穆尼夫人决心利用他的内疚作为筹码，然而，这并不是来自她的天主教信仰，而是来自心理柔术的某种策略，她把多兰的信仰以及她所理解的这种信仰所蕴含的内容，变成了操纵他的手段。

这是作者将天主教嵌入《寄宿公寓》的一种方式。另一种方式，将其嵌入一系列涉及外在形式表现的相关信息之中，例如，穆尼夫人想要参加一个时间不长的主日弥撒，这样她就有足够的时间与多兰先生进行严肃的谈话，让他知道她对他有什么要求。一方面，文中写道，多兰去忏悔了——忏悔是一个天主教的仪式，他向一个在忏悔箱里的神父述说他做过些什么——忏悔他的罪恶。聆听多兰忏悔的神父通常会指派他做一些苦差事赎罪（文中并没有表明这一点），只做一些祈祷当然不能充分平衡或修复他所造成的伤害——很可能是让波莉怀孕了，不过，我们不能确定这一点，可能只是因为他和她发生了性关系，夺走了她的童贞，这在 20 世纪初的都柏林天主教背景中，足以让穆尼夫人要求多兰给出比几句含混不清的祈祷要严肃许多的"赔偿"了，那就是迎娶她的女儿。

背景设定的另一个方面是社会地位，多兰在社会中占据的地位等级要高于穆尼一家。他受过教育，三十多岁，有一份稳定的好工作，过着有规律的生活（年轻人的放浪不羁他早就尝试过了），这样的男子对于波莉这样的女孩来说，是近乎完美的猎物。在故事人物居住的这个联系紧密的世界中，社会地位和社会影响也扮演着重要的角色。人们互相了解，会感觉到社会压力促使自己要去做正确的事——这种压力，不仅来自意志坚定的穆尼夫人，也来自那些窃笑的寄宿者以及多兰的老板，他们对多兰施加的虽然是另一种不同的压力，但这种压力与穆尼夫人和多兰那深感歉疚的良心对自己施加的压力一样，都对多兰产生了强烈的影响。

观点和语气

乔伊斯这部作品中的全知叙述者进入了该故事三个主要人

物——波莉、穆尼夫人和鲍勃·多兰——的意识。叙述者向读者揭示他们的思想和感情。乔伊斯没有对叙述者施加任何限制，他让我们深入了解他们的心理状态，比如他这样写穆尼夫人："她有把握自己会赢。"讲到多兰先生，他这样描写："他有一种感觉，那就是他上当了。"叙述者对波莉其实也做了同样的处理，这让我们意识到了多种不同的观点，因为他向我们揭示了不同人物对当前的形势有着不同看法。在这个过程中，我们的同情心从一个角色转移到另一个角色身上，因为我们了解到他们不同的需要、欲望和希望。

乔伊斯把《都柏林人》的故事风格描述为"一丝不苟的卑鄙"（Ellmann 73）。他的意思是说，这些故事展现了都柏林各个社会阶层的真实生活。他毫不留情地展示了都柏林人的俗气、沉闷的经历。尽管这些故事不能被认为是"悲剧"，但无论是个别的还是集体的故事，在语气和情绪上都无疑表现出了阴暗的悲哀。

在风格上，乔伊斯采用了一种直接而有力的现实主义，接近自然主义，不过没有我们在德莱塞（Dreiser）与奥诺雷·德·巴尔扎克（Honoré de Balzac）小说的自然主义叙事中能看到的夸张和扭曲的倾向。乔伊斯的句子直接而简单，它们通常形成"主语-动词-宾语"的模式。他对故事人物的描写直白，但又暗含一些评价（正如我们前面提到过的那样）。这种风格适合这一故事的情节。它与剧中人物的性格非常相配，这与他们生活的限制性环境很相配。

乔伊斯从描述转换到对话的手法非常高明。一个值得注意的例子是波莉与多兰先生的交流。当他们意识到他们做得太过火了（或者刚好达到他们希望的程度），波莉告诉多兰，她向母亲坦白了，而当天上午穆尼太太会和她的情人谈谈。这时乔伊斯描写道，她用胳膊搂着他的脖子，说：

> "啊，鲍勃！鲍勃！我该怎么办？我该怎么办？"
> 她想了结自己的生命，她说。

这句直接引语是有说服力的，它的重点完全放在波莉身上，尽管她更应该说："我们该做什么？""我们能做什么？"乔伊斯没有用她自己的话来阐述，而是立即转向解释性的叙述，用间接引语而不是直接引用她的话说她会自杀——从我们对波莉的了解来看，这种可能性是盲目的而且也是不可信的。

在多兰的回答中，乔伊斯混合了叙述性的间接引语（"他无力地安慰她"）和一点儿类似于直接引语的话（"让她别哭"和"告诉她没事的，不要害怕"，就像乔伊斯进出每个角色的意识（和良心）一样，他在人物的言语模式上进进出出，通过描述和无所不知的间接引语来暗示他们的想法和感受。

主题含意

把《寄宿公寓》简化为一个抽象的对于主题的概括，浓缩其情境丰富的复杂性，是一种罪恶。我们可以说，这个故事讲述生活如何存在于人们的控制内外，生活如何变好或变糟。这个故事讲述宗教和社会意识形态的力量和影响，以及这些影响如何决定或至少有力地影响着人们的决定。他们所做的选择，以一种他们并不完全理解的方式，影响了他们的生活。

我们可能也想知道，这个故事在多大程度上讲述了女人对男人的掌控，以及女人如何利用她们对男人弱点的了解来让男人听从她们的命令。我们可能也想知道这个引诱人上钩的故事，怎样讲述了穆尼夫人和波莉，为了达到波莉嫁给一个合适的伴侣这一目的而实施的不言而喻但有意识、有意图的计划。

乔伊斯的《都柏林人》中的故事有另一个吸引人之处是，他们共同展现出 20 世纪初都柏林生活的丰富画面。乔伊斯以复杂的方式编织了一连串的风格、意象、符号和主题，因为每个都柏林故事的人物和情境都与其他故事相呼应。总的说来，这些故事让读者一瞥社会的各个阶层，描绘的人物年龄范围广泛，包括童年、成年早期和中后期。具体的细节描述如金钱和愤怒、饮酒和唱歌以及身体特质和情感状态，为形形色色的都柏林人赋予象征意义。这些故事也涉及黑暗、监禁、宗教和社会地位的意象，《寄宿公寓》充分证明了这一点。

阅读小说开场白

无论小说的开篇将我们带到哪个地方——可能是《荒凉山庄》(*Bleak House*)中大雾弥漫的街道、《卡拉马佐夫兄弟》(*The Brothers Karamazov*)中不同形式混乱的家庭情况，或是时钟会敲十三下的奇怪领域，也可能是霍比特人居住的霍比特人洞，一本小说的开始吸引我们进入其独特的世界，并建立其特殊的基调。花点时间吸收这些小说元素，熟悉作品的独特之处，是值得的。在这样做的过程中，我们也熟悉了小说的主题。

缓慢、仔细地阅读一部小说的开头，无论它有多长，都能让我们为即将到来的事情做好准备。仔细阅读一本书的开头，可以提醒我们注意它的语言和语调，以及它的环境，同时了解它的人物、确定它的主题。

例如，以下是马克·吐温(Mark Twain)《哈克贝利·费恩历险记》(*Adventures of Huckleberry Finn*)的第一章。吐温用九个段落介绍了这本书的主题。在阅读本篇章节时，我们可能要在心里记住以下问题。

- 我们听到了哪种叙述的声音？
- 叙述者所处的情境如何？
- 叙述者有着怎样的性格？

- 这一段落提出了什么主题以及作者对此持有什么样的态度?
- 我们可以预测这本小说主要关注哪些关键的主题?

　　如果你没有读过一本名叫《汤姆·索亚历险记》(*The Adventures of Tom Sawyer*)的书,那么你就不知道我是谁,但是,没关系。那本书是马克·吐温先生写的,他讲的都是实话——大部分。有些事情他说得比较夸张,但他大部分说的都是实话。是不是实话也不要紧。我从来没见过谁不撒谎的,总有那么一两次,除了波莉阿姨、寡妇,或许还有玛丽。波莉阿姨实际上是汤姆的阿姨,玛丽和寡妇道格拉斯在《汤姆·索亚历险记》那本书里也有讲述——那本书大概是本讲实话的书,也有一些夸张的成分,就像我刚才说的那样。

　　那本书的结尾是这样的:汤姆和我找到了强盗藏在山洞里的钱,我们发财了。我们每人分到六千块钱,全是金币。金币堆起来时,真是一幅可怕的景象。然后,撒切尔法官把我们的钱拿去放利息,我们每人每天可以得到一美元,一年到头都是如此——这笔钱多到我们都不知道拿它做什么。寡妇道格拉斯收养我做她的儿子,想要教养我做一个文明人;但是,一直待在她家里很痛苦,鉴于她的一切行为都是那么定时和讲究,令人感到沉闷,所以当我再也无法忍受的时候,我就逃走了。我穿上以前的破旧衣服，又钻到我的糖桶里去了，我感到非常自由和满足。但是汤姆·索亚找到我，说他要组织一个强盗帮，还说，如果我愿意回到寡妇身边，做个体面得体的人，那我也可以加入。所以我就回去了。

寡妇搂着我直哭，叫我"可怜的迷途小羊"，还叫了我许多别的名字，不过她并没有恶意。她又给我穿上了新衣服，我除了汗流浃背什么也做不了，感觉自己浑身被束缚住了。然后呢，以前的规矩又来了。晚餐时，寡妇打铃，我就得准时来吃饭。到了餐桌上，还不能直接吃东西，必须要等寡妇低下头来，对食物发一点儿牢骚，尽管这与它们并无任何关系。所有的食物都是分开烹调的。要是在一个大桶里放满食物杂碎，那就不一样了，所有东西混在一起烧，食材的汁液互相交换，那就更美味了。晚餐结束后，她拿出书给我讲摩西和赶牛人的故事，我想知道关于他的一切，急得直冒汗。最后她说，摩西已经死了很久了，于是我就不再关心他了，因为我对死人不感兴趣。

没过多久，我就想抽烟了，就去请求寡妇让我抽烟。但她不让我抽。她说抽烟是低劣的行径，不干净，让我必须尽量戒掉。有些人就是这样。当他们对一件事一无所知的时候，他们都可以对它说三道四的。她为摩西烦忧，可是摩西与她又没有什么血缘关系，他对任何人都没有用，他已经不在了。但是，我做了一件好事，她却责备我。她自己也吸鼻烟，不过当然了，吸鼻烟没关系，因为她自己要吸。

她的妹妹华生小姐，是一个身材苗条的老姑娘，戴一副眼镜。华生小姐刚刚过来和寡妇一起住，现在她正拿着一本拼写书为难我。她让我看了大约一个小时的书，还是寡妇让她暂时停一下。我再也无法忍受了。那一个小时沉闷得要命，我真是坐立不安。华生小姐会说，"哈克贝利，别把脚放在上面"，"身体不要蜷缩着，哈克贝利，坐直"。没过一会儿，她又会说："哈克贝利，你不要打哈欠、伸懒腰，你为什么就不能规矩点呢？"然后，她又跟我说有关地狱的事情，我说我真希望自己在那里。她听了以后很生气，但是我没有什么恶意。我只是想去别的地方，我只是想换个环境，我并不挑剔。她说我那样说很邪恶，她说她宁死不会说出那样的话，她要规规矩矩地活着以后去天堂。我看不出她要去的地方有什么好的，所以我决定不会为了那个目标尝试。但是，我没说出来，因为那只会制造麻烦，而且不会有任何好处。

既然她已经开了个头，她就把关于天堂的一切都告诉了我。她说，一个人在那里要做的就是整天弹琴唱歌，永远这样美好下去。所以我不怎么向往那个地方。

不过，我从来没把心里话说出来。我问她是否认为汤姆·索亚会去那儿，她说不会。我很高兴，因为我希望我和他能够在一处。

华生小姐不断地来打岔，我渐渐地感到又累又孤独。不久以后，她们叫进来一些黑奴开始做祷告，然后大家都上床睡觉了。我拿着一支蜡烛走进房间，把它放在桌子上。我坐在窗边的椅子上，试着回想愉快的事情，但一点儿用也没有。我感到如此孤独，真希望自己死了。群星闪烁，树叶在树林中摇曳，哀伤无比；我听见远处一只猫头鹰在为死去的人们哀鸣，一只北美夜鹰和一只狗在为将死之人嚎叫；风向我低语些什么，我却听不清，这让我浑身冷得直哆嗦。我听到了森林里发出的一种声音，有一只鬼魂想说出自己心里想说的话，却无人能够理解，所以它无法安生地待在坟墓里，每晚都要这样悲伤地四处飘荡。我感到失魂落魄，非常恐惧，真希望有人可以陪我。不一会儿，一只蜘蛛爬上了我的肩膀，我随手一抹把它抹走，它掉在蜡烛中烧着了，我还没来得及动，它就全烧干瘪了。不需要任何人告诉我，我也知道这是一个不祥之兆，会给我带来一些坏运气，于是我害怕得颤抖，快要把衣服抖落在地上。我站起来，就地转了三圈，每次在胸前交叉画十字；然后我用一根线把一绺头发扎起来，以此让巫婆们远离我。不过，我没有信心。当你丢失了失而复得的马蹄铁时，你才会这样做，而不是把马蹄铁钉在门上，但我还从来没听过有人说，杀死了一只蜘蛛也可以这样做来避灾。

我又坐了下来，浑身发抖，于是掏出了烟斗抽口烟，反正现在房子里一片死寂，寡妇也不知道。隔了好一会儿，我听到镇上的钟声一声声敲响——敲了十二下，然后周围又比以往任何时候都更安静了。没过多久，我听到黑暗中有一根树枝折断了，有什么东西在动。我静静地听着。我隐隐约约地听到那边传来"咪呦！咪呦！"的声音。太好了！我尽可能地轻声回应道，"咪呦！咪呦！"然后，我吹熄了蜡烛，从窗口爬出去，爬到了棚屋顶上然后滑下来，滑到草地上然后又爬进树丛，果然，汤姆·索亚在等我。（625-628）

▶ 评 论 ◀ ┄┄┄┄┄┄┄┄┄┄┄┄┄┄┄┄┄┄┄┄┄┄┄┄┄┄┄┄┄┄┄┄┄┄┄┄┄┄

通过第一人称叙述者哈克贝利·费恩，吐温表示这会是一本讲真话的书，一本诚实而准确地描述作者所知的书。在小说中，讲真话这一主题所具有的含意是有不同维度的：人物之间关系的真实性、诚实面对自己的真实性，以及小说所反映的吐温观察世界的方式的真实性。哈克贝利提到，除了少数人，每个人都在某个时候以某种方式撒谎。用这种方式，吐温很早就向读者暗

示，尽管这部小说讲述的是事物的真相，但它也会描绘对真相的各种虚假扭曲。

开篇段落的另一个重要特点是吐温对哈克贝利声音的演绎。我们感觉好像在听别人跟我们说话。哈克贝利的口语、语法错误、重复和停顿插入语，这些都让他的声音听上去具有自然的品质。吐温也在哈克贝利所说的话中使用了方言，这也造成了同样的效果。欧内斯特·海明威（Ernest Hemingway）指出，所有现代美国文学都源于马克·吐温的《哈克贝利·费恩历险记》。可以肯定的是，这本书的许多方言和声音都具有现实主义的特点，威廉·吉拉尔迪（William Giraldi）将这种风格描述为"完全采纳了美国语言的粗犷和音调"（xxv）。

在提到汤姆·索亚时，吐温还介绍了其他重要的主题：金钱的重要性以及文明世界和自然世界之间的冲突。和汤姆一样，哈克贝利也希望摆脱家庭生活的束缚。在他看来，自由胜过文明的舒适。哈克贝利对家庭生活常规的不适预示着他对自己经历的其他方面的不适，他也会反抗。同样重要的主题是，哈克贝利对自由的关注与小说中的"自由-奴隶对立"相呼应，其戏剧性中心是逃跑的奴隶吉姆。

这本书开篇的另一个重点是哈克贝利在找寻父亲。寡妇把哈克贝利当成"儿子"，暗示哈克贝利需要有人代理父母的职责。撒切尔法官看管哈克贝利的钱，是在履行父亲的一部分责任。但我们可能想知道，他或其他人是否会为年幼的哈克贝利提供所需的智力和道德指导。寻找一个合适的父亲替代品与摆脱奴役的主题融合在了一起，因为吐温将吉姆确立为哈克贝利的代理父亲。

宗教也是一个相关的问题。从寡妇的角度来看，哈克贝利是一只可怜的迷途羔羊，他必须变回顺从、文明、去教堂做礼拜的那种男孩。她希望哈克贝利不仅能习惯于一个固定的晚餐时间和适当的庆祝活动，还能参加饭前祈祷致谢的仪式。随着小说的发展，吐温将严重挑战传统的宗教观念和价值观。他由内而外地重新评估这些传统观念，通过这种方式，体面、同情和真正的道德行为被勇敢地展示在外面，而不是在宗教仪式和社会习俗中。

在这个开篇的场景中，最重要的是寡妇的妹妹用地狱威胁哈克贝利。她的威胁产生了事与愿违的后果，因为哈克贝利忠实于现实感，他更喜欢去她不会去的地方——汤姆·索亚很可能去的"地狱"。这个场景预示了哈克贝利经历的一个转折点——小说中的高潮场景，也就是当哈克贝利面对地狱的威胁时，凭借社会制约下的良知，他做出了一个与他所学到的一切道德正确的东西背道而驰的决定。在这本书许多情节轨迹的背后，有一些价值观彻底被颠倒，它们在开篇以夸张甚至滑稽的形式出现。在作品后面的部分，作者对这种价值观的颠倒做了严肃的处理，其中哈克贝利所做的"未经雕琢的无畏"（Giraldi xxv）的决定反映了作者和这部小说对扭曲价值观的抨击。

然而，尽管这些主题可能很重要，特别是它们预示着重要的思想，但值得我们注意的不是思想本身，而是它们通过情节和人物、背景和观点、声音和语气等细节出现的方式。除了铺垫主题，吐温还揭示了这个天真的叙述者哈克贝利看不到我们读者所看到的东西。在小说中，哈克贝利的理解和读者的理解之间出现了巨大的差距，这是第一次出现这种情况。吐温的讽刺就存在于这个差距之中。在开篇，反讽相对温和；后来，反讽会变得更加严峻和黑暗。即使在这一章的开头，哈克贝利也暗示了他对摩西和其他"死人"有着务实的独立和不敬的态度，无论他们的历史或宗教重要性如何，对哈克贝利来说都没有任何用处。

这本书的第一章还揭示了哈克贝利的迷信本性。对于一个敢于质疑、反叛传统、挑战权威和公认信仰的男孩来说，哈克贝利对他不懂的东西有着强烈的恐惧。他迷信的天性也许表明，他还有很多东西要学。或许，这也揭示了他看待世界的方式中一种不可调和的矛盾心理。一方面，他似乎头脑清醒，怀疑很多事情；另一方面，他是不理智的。然而，无论哪种情况，哈克贝利的感知都是敏锐的，想象栩栩如生。

在表达哈克贝利的迷信信仰时，正如他对伪善的警觉和对验证的需要一样，吐温展示了哈克贝利对自然的忠诚，这种忠诚会随着小说的发展而得到反复表达。在那些辉煌的文字片段中，那条河被证明是一个避风港和庇护所，远离了以伪善、残忍和贪婪为基础的不道德、野蛮文明的暴行。

语境与互文文本

在《世界与时间：在语境中教授文学》（*World and Time: Teaching Literature in Context*）一书中，阿德里安·巴洛（Adrian Barlow）从文学作品本身丰富的结构和与之相关的其他作品的角度论证了阅读文学作品的价值。巴洛强调要仔细阅读作品，尊重作者的意图，注意语言和形式的细微差别（29-35）。此外，他相当重视理解一部作品的历史背景，与其说是从我们这个时代的角度看，不如说是从创作时代的角度看（41-44, 86-102）。

巴洛关注文学作品所处的语境以及文学作品之间的联系，他的这种关注与盎格鲁血统的美国现代派诗人 T. S. 艾略特对于文学传统的观念相呼应。T. S. 艾略特在《传统与个人才能》（"Tradition and the Individual Talent"）一文中指出，欧洲文学的每一部作品都是相对于其他作品而存在的，而今天所写的作品对整个文学都有影响，影响着过去作品之间的关系顺序，具有追溯性。T. S. 艾略特描述文学作品之间有一个"同时的存在"，组成一个"同时的局面"（4），尽管它们是在几个世纪甚至几千年前写成的。对文学传统更为熟悉的理解认为，过去的作品影响着后来的作品，荷马史诗《伊利亚特》和《奥德赛》（*Odyssey*）影响了维吉尔（Virgil），而乔伊斯的《尤利西斯》则影响了更晚的作品。另一个例子是，维吉尔的《埃涅阿斯纪》（*Aeneid*）影响了但丁，就像沃尔特·惠特曼（Walt Whitman）影响了 20 世纪后的几代美国诗人。

在《艺术有什么用？》（*What Good Are the Arts?*）这本书中，约翰·凯里（John Carey）为这一文学影响的进程打上了读者个人化、个体化的印记，他指出，"我们过去的阅读经历变成了我们想象的一部分，我们带着这份想象阅读"（242），以及"我们如何阅读……受到了过去我们所阅读的内容"（242），以及我们如何理解这些内容、如何使先前的阅读对自身产生意义的影响。在阅读任何文学作品时，我们都要联系我们读过的其他作品，根据我们以前读过的作品来阅读后来的作品，根据别人读过的作品来理解过去读过的作品。在这个过程中，我们汇集了凯里所描述的"我们自己的文学经典"（242），一个对我们每个人都有个人意义的文学集合。

在《文学的共同体》（"The Community of Literature"）中，阿德里安·巴洛提出在语境下阅读和教授一组小说，以《斯通，与另一个斯通》（*Cutting for Stone*）（2009）开始，这本小说由亚伯拉罕·维基斯（Abraham Verghese）所著，他是一位美国外科医生，是斯坦福大学医学院的教授。

维基斯出生于埃塞俄比亚，父母来自印度喀拉拉邦，他们带着三个孩子移民美国。在完成他在印度的医学研究之前，维基斯在一家美国医院做勤务兵，他说这种经历使他成为一个更有同情心的医生，并为他的医学工作的口号——"想象病人的经历"做出了贡献（Barlow, "The Community of Literature" 100）。

这些关于作者生平的细节对于《斯通，与另一个斯通》这部作品很重要。从地理上来看，它的故事从印度发展到了埃塞俄比亚（主要背景），再到纽约。这部小说以埃塞俄比亚和美国的医院为中心，这些医院的人手和资源都不足，它将外科手术作为一个中心主题和隐喻，支配着它的两个中心人物的生活。更为复杂的是，小说中非洲部分的背景是埃塞俄比亚的叛乱和内战。

巴洛建议从以下这些角度来阅读《斯通，与另一个斯通》：殖民主义及其后果的问题、移民及其并发症、文化差异和复杂性、激进主义、性别认同与性别政治、科学和爱。这些议题通过"孪生、亲情和分离"的问题在小说中变得戏剧化。他建议考虑对以下描述类似社会禁忌和文化位移问题的小说与《为斯通开刀》做对比分析。

- 阿兰达蒂·洛伊（Arundhati Roy）的《微物之神》（*The God of Small Things*）（1997）

  本书讲述的是帝国的遗产和残酷的种姓制度。一对孪生兄妹经历了与父母和兄弟姊妹的分离。背景设置在印度。

- 扎迪·史密斯的《白牙》（*White Teeth*）（2005）

  西印度、孟加拉国与英国多个家庭几代人的故事。双胞胎儿子——一个激进的穆斯林和一个无神论的科学家。背景设置在伦敦。

- 阿敏娜妲·芙娜（Aminatta Forna）的《爱的回忆》（*The*

Memory of Love)（2010）

战后创伤。外科医生治疗伤残的受害者，一位心理治疗师努力应对国家的危机。背景设置在塞拉利昂。

正如巴洛指出的那样，把故事和书籍放在更大的语境中，包括看到它们彼此之间的关系，增加了"书籍和读者之间对话的可能性，因此从根本上说，扩大了文学共同体的概念"（102），扩大和丰富了每个读者的体验。

我们可以通过弗吉尼亚·伍尔夫的读者视野，通过他们对书籍的阅读和解读，来放大文学共同体的概念。伍尔夫描述了"跨世纪的思想联系在一起"和"把整个世界联系在一起的共同思想"（转引自 Bakewell 315）。莎拉·贝克韦尔（Sarah Bakewell）认为，任何一本书（她引用了蒙田的《随笔》）活在读者头脑中的能力，使之成为他们内心世界的活的一部分，将这些读者的头脑连接在一起。

最后，我们应该记住，一部作品、一个故事，永远不会完整。它需要润色，精雕细琢，这是我们用想象力重新塑造它时所提供的。这本书或这个故事与其他书籍和故事，以及其他类型的文学作品产生共鸣。詹姆斯·伍德（James Wood）认为一个故事永远不会结束，永远不会完结，故事自身不会结束，与我们之间的故事也不会结束。我们也从未终结对一篇故事的品读。总有更多的话要说、要问、要想。这是小说带给我们的另一种兴趣。

第三部分

阅读的乐趣与意义

第五章

充满矛盾的阅读乐趣

辩证的力量

理想的状态是，我们在阅读中迷失自我，最终又回归自我——
自我已然转变，成了更广阔世界的一部分。

——朱迪思·巴特勒

阅读常常被视为一种手段，用来达到某些目的，比如获取信息、积累知识、加深理解等。对于任何阅读来说，包括文学阅读，这些都是值得达成的目标。然而，人们常常将这些目标打散或分开，用以服务有限的目的，包括阅读"技巧"的提升。例如，老师教导学生"利用"阅读，而不是享受阅读；要求学生在文本中寻找答案，找到作者的论点，确定主要思想，找出文章要点，等等；鼓励学生把阅读应用于日常生活，包括自我提高和自我完善——当然，这些都是重要的阅读目标。实用的阅读方法对所有人都有好处，我并不想否认它的价值。但是我认为，我们可以为了另外一个有价值的理由而阅读，那就是尽情享受阅读体验本身，为各种各样富有魅力的阅读乐趣而倾倒。

我们阅读是因为我们享受阅读。有时，我们阅读是出于一种责任感；更多的时候，我们阅读是出于对快乐的渴望：快乐比义务更能有力地激励我们。

不过，阅读的乐趣到底是什么呢？阅读（包括阅读文学作品）的主要乐趣是融入一段文本，将自身沉浸其中。我们进入其世界和思想，尽情享受其语言和形式，理解其愿景和价值观。在这些方面，阅读不是仅限于反应和分析，而是超越了它们。

我们可以将文学与我们的生活联系起来，将文学与我们的思考、感受以及存在的体验有意义地连接起来，如此，我们也能够与文学文本有效地建立联系。阅读文学能为读者带来什么，对此，当代小说家中的三位巨头有着不同的见解。简·斯迈利（Jane Smiley）认为阅读文学是"一种人道的行为……一种建立联系的行为……（以及）一种自由的行为"（253）。珍妮特·温特森（Jeanette Winterson）的观点与斯迈利相似，认为书籍是"自由的媒介"（8）。通过阅读，我们解放了自己；我们接触到其他人不同于我们的思想，从而在这个过程中扩展自己的思想。玛丽莲·罗宾逊（Marilynne Robinson）进一步指出，我们通过拓展文化思维和拓展语言能力来体验文学的乐趣（321）。

　　除了这些表现形式，通过阅读，我们还与其他人（包括其他作家）建立了联系，我们将阅读到的任一文本与其他文本、其他人的生活、其他的阅读世界和生活经验联系起来。阅读文学拓宽了我们的体验，让我们有机会去过别样的生活，游历远方，间接地体验比我们在现实生活中所能直接体验到的更多东西。

　　与他人讨论我们自身的阅读，我们会发现，他们对文学作品的体验部分与我们相似，部分则与我们不同。这些围绕我们自身阅读的对话，扩大并加深了我们对文本的理解，常常促使我们重读文本、重新考虑以及重新评估我们最初对它们的理解和从中得到的收获。有时候，重新阅读很久之前读过的书，我们会感到震惊并形成新的认知。薇薇安·戈尼克（Vivian Gornick）描述了她重读娜塔利娅·金兹伯格（Natalia Ginzburg）作品的经历，戈尼克提到，金兹伯格的作品总是让她"更加热爱生活"；在某种程度上，金兹伯格的作品让她的"视野打开看到一些重要的事情，如关于阅读时（她）是谁，之后（她）将成为谁"（101）。

　　这些联系的形式既与我们的情感有关，也与我们的脑力有关，它们让我们的心灵参与进来，也激发了我们的感受和思考能力。感受的快乐与思考的快乐，两者在相互作用中相互存在，它们相互刺激、相互加强以及相互充实。在所有复杂的阅读乐趣中，这种阅读乐趣最常见也最重要。我们重视那些迫使我们思考和感受的文学作品，它们给了我们一定的空间，即使在我们感受的时候，我们也能够思考；即使在我们思考的时候，我们也能够感受。

文学——尤其是诗歌——为什么以及如何激发我们的思想和感受？最好的解释来自威廉·华兹华斯的《抒情歌谣集》的序言。在那部革命性的评论自白书中，华兹华斯断言"我们持续不断的情感波动是由我们的思想改变和引导的"（98）。华兹华斯认为，世界上没有纯粹的不掺杂质的感受——不受思想影响的感觉。相反地，世界上也没有不掺杂质的思想，过去的感受嵌入了我们的思想并使其发生改变。随着时间的推移，感受变成了思想；回忆起来的感受、深思熟虑的感受变成了思想。因此，思想和感受这两者是循环及相互作用的，其中一个不可避免地跟随着另一个。

这是阅读的第一个也是最重要的辩证乐趣之一。阅读的第二个乐趣在于，要体验阅读的乐趣——尤其是阅读文学的乐趣——我们在很大程度上需要向文本屈服。我们暂时屈服于作家的愿景和价值观。我们接受书籍的语言和形式去完成它们的工作——创造出一个表达意象和思想的世界，一个充满意义、感受和价值的世界，一个通过文字想象出的世界。我们给予作品仔细、耐心而持续的关注之后，在我们能够理解的范围内，我们屈从于作品的思想和价值观——努力理解作者所说、所建议、所传达和暗示的内容。一旦我们那样做了，我们就可以限定甚至抵制文本及其含意。我们对阅读的这种辩证反应的一个好处是，即使我们与文本保持着距离，我们也能从所阅读的文本中学习。我们接受并欣赏它，然后评论和评估它。我认为这是双重的好处。

我们有意地放缓脚步，去思考，做出修正和推断，似乎是为了延迟我们全面地体验、理解文本的乐趣，一定程度上确实如此。这种延迟证明了文本的丰富性。然而，我们对文本细节的关注，也让我们准备好去体验另一种阅读乐趣——回应的乐趣，即对我们如此耐心、专注地服从和屈服的内容做出反应的乐趣。

回应的乐趣很大程度上是表明主张的乐趣，是将我们放在阅读内容的对立面的乐趣。但矛盾的是，通过对文本仔细、耐心的思考，我们也产生对文本屈从的自我否认，服从于文本。当自我主张的表达与这种否认和屈从结合在一起的时候，它感受到的体验最为丰富，得到的回报也最为完美。顺从与反抗、接受与主张之间的这种相互作用构成了另一种自相矛盾的阅读乐趣。

我们投入一段文本当中（也是我们阅读乐趣的根源），这既包括一种抑制自己回应文本同时允许文本影响我们的能力，也包括一种对文本做出自我主张的能力。将文本与我们的经验和知识做对比，与其他文本做对比，对比它们的声音、愿景和价值观。此外，拖延的乐趣会增加回应的快感。在拖延回应的过程中，我们去衡量文本所见、所说、所暗示的东西，将文本的想象、主张和价值观与我们自己所持的做对照，也将这些内容与我们阅读和理解过的其他文本做对照。正如肯尼斯·伯克（Kenneth Burke）所说，阅读时遇到的暂时性挫折会让我们获得更强烈、更复杂、更深刻、更愉悦的满足感。伯克提出理由，他认为这反映了一种

形式的概念，即"欲望的满足及其平息"（31）以及"创造和需求的满足"（138）。

当然，回应假定在认识到某个"他者"的基础上，这里的"他者"指的是，一个声音、一个形象、一个人物角色、一个人物形象以及一个真正的作者。如果没有可以回应的内容和可以产生联系的人，就没有回应的乐趣。自相矛盾的是，在找到和认识到这种文本性的"他者"时，我们发现了自己。此外，我们在文本中找到的这个自我——这个我们可能（重新）发现的自我，在我们参与并理解文本的过程中得以扩大。我们让作品融入我们自身，逐渐理解接纳它——阅读的又一矛盾。通过迷失自我于文本之中，我们找到自我——这是第三种自相矛盾又辩证的阅读乐趣。

让我们简要地考察一下蒙田的散文。一些作家比如拉尔夫·沃尔多·爱默生，弗吉尼亚·伍尔夫和安德烈·纪德（André Gide）认为，我们在阅读蒙田写的有关他自己的作品时，我们会确信我们正在阅读有关自己的文字。在阅读蒙田的散文时，每一个读者个体都会遇到自己，即使这些散文讲的都是蒙田的个人故事。矛盾的是，蒙田的写作特点——他在一篇又一篇散文中表现出来的思想细节，是在他对古代作家的研究中形成的——自相矛盾地形成的。他主要研究的是罗马作者，拉丁语是他的第一语言，这门语言可以满足他的日常生活以及教育需要，优先于法语以及他的出生地波尔多（Bordeaux）的加斯科涅方言。

蒙田说，他之所以写关于自己的事，是因为他对自己的认识，要比他对其他任何事或任何人的认识都要多。在《论悔恨》（"Of Repentance"）中，他写道："在文学领域里，至少还没有人像我这样对自己描写的客体有如此透彻的认识和理解，就此而言，我是在世的最有学问的人。"（611）然而，蒙田提到，他存在于一种不断变化的状态中，"我必须使自身的历史适应当下"；他说，因为"此刻我可能会改变，不只是出于偶然，而且是出于我的本意"（611）。"我描绘的不是存在，而是时间流逝。"（611）他这样写道。他表示，他的散文"记录了各种各样变化无常的事件，尚未确定以及相互矛盾的想法"（611）。他的散文《论人的行为变化无常》（"On the Inconsistency of Our Actions"），其标题就抓住了人具有多变性的这种感觉。在蒙田前后不连贯的描述、起伏不定的感受和态度、一时的困惑和反复试图理解自己的过程中，我们当中有谁能否认我们也看到了自己？尽管他曾是贵族、富有的地主、能干的外交家，以及一位市政管理人员，他也仍然要面对这种不稳定的变化。

在与文本相遇、参与其中并理解与吸收它的过程中，读者的身份逐步演变。我们与我们读过的文本一起变化。我们在二三十岁时读蒙田的散文和二三十年后再读这些作品，感受是完全不同的。原因很简单，当我们在之后的人生中重读这些文学作品时，我们既不是从前的那个读者，也不是从前的那个人。在很大程度上，这种变化源于我们对生活和文学有了更深刻的理解，我们阅

读了更多的作品，思考得更多，感受得更多，经历过更多。我们自己以及我们阅读过的文学作品都不是保持静止或一成不变的。我们一起变化、一起演变。

因此，如果要感受到回应的乐趣，就需要体验到某种人与人之间的联系，认识到另外一个人的声音和价值，感受到与另外一个人思想与内心的互动，与阅读行为的另一端的那个人产生有意义的联系，甚至如果幸运的话，与之产生交流。一个全神贯注、如痴如醉、融入得如此彻底以至于时间似乎停止了的读者形象，是令人无法抗拒的。在这种阅读图景中，生命似乎延缓了，瞬间被压缩了。读者出神入迷，被带入另一个世界，而真实的现实世界却渐渐消失与暂停了。在《房子曾经无声而世界曾经安宁》（"The House Was Quiet and the World Was Calm"）中，华莱士·史蒂文斯（Wallace Stevens）描述了这样一个全神贯注的读者，他与他正在阅读的书融为了一体。史蒂文斯描写的读者没有意识到书是一个独立的存在，他变成了那本书——没有什么能把二者分开，读者和书融为一体。

即使这种看似最孤独的阅读乐趣——读者孤独地沉浸在书的世界里——也并不能充分说明阅读的乐趣。这个个体的读者形象反映的是一种不完全的视角。与之相反的视角认为，这独有的读者——自相矛盾地——并不孤单。每一个真正的读者，都至少——在最低程度上——与另一个人联系在一起，这另一个人可以是作者本人（或作者的幻觉、作者的痕迹），以及由作品赋予生命的说话人、叙述者和人物角色。

读者的乐趣并不仅仅是孤独的乐趣，它们也是社交的乐趣，是读者与作者之间的联系之外的社会中的乐趣。这些社交乐趣体现在我们对朋友、熟人谈论起书籍以及推荐书籍的过程中。它们反映在各个读者汇聚于学校、图书馆以及其他市民社团的各个读书俱乐部。威尔·施瓦尔贝（Will Schwalbe）在他的回忆录《生命最后的读书会》（*The End of Your Life Book Club*）中描述了这样的一个读书俱乐部，这是一个特别的俱乐部，成员只有两个人，即他自己和他临终的母亲。施瓦尔贝向读者描述了他和母亲的关系如何通过讨论书籍得到巩固和加深。

在印刷技术发明之前，阅读是一种典型的社交活动，那些讲故事的人、讲师和牧师向他们不同的会众大声朗读文本（Foer 226）。这种早期的"阅读"形式——实际上是聆听——是一种被动的集体体验。当阅读（以及别人读给自己听）的公共性让位于私人化的阅读后，人们的阅读在智力上变得更加积极、活跃，由此产生的分歧为非正统思维开辟了空间。今天，我们可以更多地进行私人化、不出声的阅读，尤其是阅读印刷文本的时候更是这样。但是，阅读的社交维度并未消失，它只是演化成了其他形式，包括在线阅读群组以及科技促进的其他社交链接架构。

读者们交谈，分享他们阅读这首诗歌、那本小说、这出戏剧或那篇文章的个人体验。读者们在其他人那里寻求对方确认自己对某一作品的理解和体验。当他们得到对方的确认时，他们会感到证明了自己是正确的，他人的经验支持并验证了自己的经验。如果没有得到对方的确认，双方之间就会发生有趣的讨论。为什么你没有像我一样看待这部作品？你注意到而我错过了什么内容？我们的阅读方式如此不同，我们共同都看到了什么？从这些问题中，读者扩展了其看待问题和思考的方式，最初的阅读乐趣也得以增加。

专心致志、全神贯注的读者，变成了相互联系、相互交流的读者。单一读者的孤独体验，变成了多个读者之间的交流体验。阅读作为一种孤独、自我强化的乐趣，以及阅读作为一种社会的自我超越的体验，这两种体验共同描绘出阅读的另一种二元性，也是第四种自相矛盾的辩证的阅读乐趣。在本章接下来的部分中，我将给出我们在阅读过程中体验到的另外九种（半）相关的辩证和令人愉快的冲突关系。

不过，在此之前，我需要建立一些有关文学阅读的假设。

第一，我假设无论其体裁是什么，文学作品都有一定的意义，而且这些意义是可重新获得的、多重的以及多方面的，而不是难以捉摸的、单一的或一元的。

第二，我假设一部作品的意义，不仅包括它生动的思想或其可归纳的内容，还包括我们阅读作品的体验——这既包括我们在实际接触作品时的实时阅读体验，也包括我们在记忆中残留的阅读体验。

第三，我再重述一下前面探讨过的内容，我认为作品的意义既包括我们对其在情感层面上的理解，也包括在智力层面上的理解。我们对文学作品的理解包含我们全部的回应，既有情感上的回应，也有认知上的回应。思想体现在感受中，而感受通过思想折射出来。

第四，我假设文学作品的意义，既包括它们对我们**做**了什么，也包括它们对我们**说**了什么。因此，文学作品的意义是包括重要的现实后果的：文学作品不仅影响我们的想法，也影响我们的决定和行动。我们根据某些书籍来定义自己。正如伊塔洛·卡尔维诺（Italo Calvino）提醒我们的那样，某些书籍（尤其是文学经典）"帮助我们了解我们是谁以及我们的立场"（133）；它们有助于塑造现在的我们以及我们未来的模样。

这些假设似乎表明，一个故事的意义在于读者，因为正是读者对于作品引发的思想和感觉产生了回应。一些读者回应与接受理论家——包括沃尔夫冈·伊瑟尔（Wolfgang Iser）——认为文学意义既不存在于读者，也不存在于文本中，而是存在于文本和读者之间的"互动"（伊瑟尔采用的词）之中。有的理论家认为文本意义可以是读者解读的任何意义（相对主义者）；有的理论家认为由于文本不断自我破坏，因此文本本质上没有任何意义（解构主义者）。与这些理论家不同，伊瑟尔认识到，在引导、检查以及以其他方式限制读者对文本进行阐释这些方面，文本有着重要的意义。

伊瑟尔援引了一个普遍性的见解，即"（文学）作品要比文本意味着更多，因为文本只有在人们领会时才具有生命力"
（*Implied Reader* 274）。在这一点上，我和伊瑟尔有不同的意见，
因为他把文本和作品区分开来，认为文学作品只有在被读者赋予
生命之后才能存在。我当然认同一部文学作品不仅意味着页面上
的文字，我也认同读者赋予文学作品生命。但是，这些作品也因
创作它们的作者而存在着。第一个体验这些作品并赋予它们生命
的，正是伊瑟尔的理论对文本和作品进行区分从而弱化——如果
没有取消——的作者。作者值得获得双重的荣誉，首先是因为他
们创作出了作品，其次是因为他们是作品的第一个读者。伊瑟尔
似乎否认了文学作品的独立存在，从而贬低了作者的成就，然
而，他同时通过让读者成为作品的共同创作者，提升了读者的地
位。我认为，这种观点赋予读者过多的荣誉，而赋予作者的荣誉
太少。

在阅读文学作品的过程中，读者重新制造了它们，并使之焕
发出新的生命。读者不创造文学作品，而是重新创造作者创造出
的作品。最好的情况是，他们能够在这个过程中重新创造自己。

正如伊瑟尔所建议的，作者提供了一个连贯一致的模式以及
一个合适的语境，使读者通过想象完成对作品所暗示的隐含意义
的理解。文本只有在"被领会时"才有生命，这种对文本的"领
会"反映了文学作品"审美"的一端，而作者实际创作出的作品
是其"艺术"的一端（*The Act of Reading* 21）。

伊瑟尔还描述了读者在阅读时如何建立一致性，他们寻找各

种方法将文本的多样性统一成一个连贯的整体。他认为，成功的阅读，能够在文学作品多义性与读者制造幻想的能力这两种对立的元素之间找到一种平衡，潜在的文本比任何个体的领会要丰富得多（*Implied Reader* 284）。文本在讲述，而读者在阐释——但只是在文本圈定的边界以内。文本进行指示，读者进行建构——不过他们也谨慎地承认文本有其限制。

那么，按照这种说法，作为读者的我们与文本到底是什么关系？它告诉我们，在经历了理论方面的迷失之后——无论这个过程多么短暂——我们需要制定一个清晰直接的文学阐释方法。它使我们需要去平衡像伊瑟尔这样的理论家所描述的竞争压力。我们需要决定什么时候坚定地反对一个文本，而什么时候要服从它——以及如何两者兼而有之。我们也需要在反驳或反对文本之前去聆听文本。我们可以跟随文本的带领，决定何时何地以及为什么与其背离，正如我在此与伊瑟尔的对话中一直尝试做的那样。我们可以通过鉴别、平衡我们在阅读中体验到的各种矛盾来做到这些。在前述的四种阅读乐趣之外，这些矛盾又构成了一种自相矛盾且辩证的阅读乐趣。

- 第一，"文本"和"作品"之间的矛盾。白色页面上的黑色印记（"文本"）与阅读时读者在头脑中赋予生命的作品（"作品"）之间的矛盾，或者是作者**创造**出的作品与读者**重新创造**的作品之间的矛盾。

- 第二，阅读的进行过程与阅读后反思的静止状态之间的矛盾。前者是在我们**通读**文本的过程时产生意义，后者是在**回顾**时产生额外的意义。也可理解为向前看和回头看式的阅读，这种矛盾也可理解为不断变化的文本与静止的文本之间的矛盾。

- 第三，**终结**的乐趣与**延迟**的乐趣之间的矛盾；缓慢推进阅读的愉悦与先发制人结束阅读的乐趣得以增加之间的矛盾，以及终止、完成和结束的乐趣。

- 第四，作为一面在其中我们能看到自己的**镜子**的文本与作为一扇通向另一个陌生世界的**窗户**的文本之间的矛盾。当我们遇见那个世界和其中的"另一个我"时，这既令人迷惑又令人兴奋。这是面向**自我**的阅读与面向**世界**的阅读之间的矛盾。

- 在第四点和第五点之间还有一点，**可见的**文本与**隐身的**文本之间的矛盾，即文本作为你审视的**艺术作品**和文本作为你**迷失在其故事和世界的空间**之间的矛盾。如莉迪亚·戴维斯（Lydia Davis）所说的"将文本聚焦为兴趣对象"（223）与阅读时忽略自己思辨能力之间的矛盾。

- 第五，**作者意识**与**读者意识**之间的矛盾，**放弃思考**（将你的思想交给作者）与**保持思考**（保持对自我思想的控制）之间的矛盾；对文本屈服和抵抗之间的矛盾。

- 第六，形成幻想与打破幻想之间的矛盾；**暂时搁置对文**

本的怀疑和**持续怀疑文本**之间的矛盾；怀疑与信仰之间、疑惑与信任之间的矛盾。

- 第七，**隐含的读者**与**真实的读者**之间的矛盾；文本对我们的要求与我们给文本带来的东西、我们以自身的独特特质对文本做出的解释之间的差距。可能与现实、理想的读者与现实的读者之间的矛盾。

- 第八，**已完成的**文本 / 作品与**未完成的**文本 / 作品之间的矛盾——**封闭式**的作品与**开放式**的作品之间的矛盾。

- 第九，作为**独立完整的**审美客体的作品与**置于大的社会结构中**的作品之间的矛盾；文本作为一种单一且自我封闭的写作成果与文本作为一种与世界有联系的社会产物之间的矛盾。

这些对立的力量，既面向读者内心关注的内容向内牵引，同时又向外推进，使读者不再以自我为中心，带领读者超越自我。阅读存在于一系列连续的文本实践中——从体验到分析、从主观性到客观性、从印象到阐释再到批判性评价。一方面，阅读研究作品中的文本关系——意象、细节、行为以及其他特征——文本内阅读；另一方面，阅读关注作品之外的文本联系，单个作品与其他作品以及语境之间的文本联系——**文本间**阅读。这并不是说某种阅读好而另一种阅读不好，或是某种要避免而另一种要接受。这两种方法都有着各自的位置和独有的用途。内向式阅读和外向式阅读相辅相成，它们相互深化、相互充实、相互完善。它们的关系是辩证的，是可调和的二元之间密切的结合，是阴阳的和谐平衡。

忽视这些对立或试图通过解释来掩饰这些对立所体现的矛盾，削弱了我们对文学的理解，也限制了我们认识和充分享受许多充满矛盾的乐趣的能力。文本回应与文本职责之间的矛盾——作者的权利和读者的权利之间的矛盾——需要被我们承认并达成协议。它们的主张相互抵触，这需要得到令人满意的裁决，因为它们是构成任何令人信服的理论以及任何富有成效的阅读实践的基础。

亨利·詹姆斯（Henry James）曾经这样写道，在阅读一部文学作品，尤其是阅读一部小说的时候，我们"短暂地过着另一种人生"，这种体验使我们的世界和人生变得更加广阔（93）。我认为詹姆斯是对的，我相信通过平衡我在本章所描述的阅读文学作品的各种矛盾，我们可以过很多种别样的生活，拓宽并深化虚拟现实且间接感受的体验——阅读文学如此光辉地赋予了我们这些辩证且矛盾的乐趣。

第六章

阅读之于生活

阅读如何与生活紧密联系

豪无疑问，阅读就是这样的：在我们生活的文本内，将作者的文本进行改写。

——罗兰·巴尔特

文学对我们有什么好处

文学有三大目的：传授知识、带来愉悦以及感动读者。在智识和情感两方面，文学向我们传授经验、使我们感到愉悦以及让我们投入其中。我们可以把这三种功用称为文学的用途。在这一章中，我考察了文学对读者的另外一些用途，并探索了文学与生

活联系的几种方式。

除了这三种用途，文学还能为我们提供什么呢？它给我们提供了一个培养鉴别力与文学技巧的机会——一个提高我们批评能力的机会。我们可能需要一生的时间才能掌握这种能力。

此外，我们可能会问文学如何影响我们，以及为什么这对我们来说很重要。对于这个问题，一种回答是，文学帮助我们度过了自己的人生。还有一种相关的回答是，文学为我们提供了一种人生的想象——我们想象人生的各种可能性。然而，具体来说，这些回答在实践中意味着什么呢？

在《为生命而阅读》（*Books for Living*）一书中，威尔·施瓦尔贝表示，阅读是审视人生最好的方式之一。我们把自己和文学人物比较，看看他们做了什么、没做什么，看看是什么促使他们这样做，看看他们如何感受和思考。通过这些比较，我们来了解自己。他还提到，通过阅读我们可以与他人交往，减少孤独感。此外，施瓦尔贝认为，在商业和工业全天候提供服务的这样一个年代，读书可以"改变我们与日常生活节奏和习惯之间的关系"（14）。书籍需要我们的关注，它们要求我们停下手头的事情，把注意力集中在它们身上。书籍让我们倾听作者说的话，即使一个作者写的书令我们愤怒，使我们极为生气，又或是违背了我们的思想或信仰。正如我在第二章所说，书籍帮助我们成为我们自己，它们与我们的人生密不可分地交织在一起。我们无法逃避书籍的影响，我们也不想去逃避。读什么样的书，我们就成为什么样的人。

书籍在讲述它们的故事时，也在讲述关于我们的故事。我们可以为了自我认识的提升而阅读，学习我们以前未曾认识到的东西。支持这一观点的人不是别人，正是马塞尔·普鲁斯特（Marcel Proust）。在《阅读的诗意》（*Poetics of Reading*）一书中，英奇·威默斯（Inge Wimmers）引用了普鲁斯特在《追忆似水年华》（*In Search of Lost Time*）中的一段话，以下是他的翻译："实际上，每个读者在阅读时都是自己的读者。作品只不过是作者提供给读者的透光镜，使读者能够洞察到——如果没有这本书——他可能永远不会在自己的身上感知到的东西。"（10-11）正如普鲁斯特所说，书籍让我们洞悉自己，如果没有书籍发挥作用，我们就无法以这样的方式去洞悉自己。

在《通宵阅读》（*Reading through the Night*）中，简·汤普金斯（Jane Tompkins）与普鲁斯特笔下的叙述者共鸣。她强调，阅读不仅会影响我们的自我认识，还会影响我们对自身的感受。她探索了阅读的疗愈效果。汤普金斯患上了一种使身体衰弱的长期疾病，这促使她开始采用一种阅读方式，这种阅读方式改变了她与书籍的关系，也改变了她作为一名读者与自身的关系。汤普金斯曾经把读书作为一种找寻避难所或冒险的方式，后来，她作为文学和文化评论家开始为获得自我理解而阅读。她从书中的一些对话或描述中意外地得到了启示，这些启示唤起了她之前未曾注意到或是压抑着的感受和思想。汤普金斯将书籍在其人生中扮演的角色做了扩展——书籍不仅对她的体力产生了影响，也鼓舞着她改变思想和行为。对于她来说，一本书变成了通向自我转变的道路以及"自我实现的工具"（16）。

这种阅读方式能够起到刺激自我反省的作用。阅读成了一种治疗的方式——阅读疗法。我们可以接受也可以拒绝书籍告诉我们的东西，我们可以改变自己来回应书籍——或者不去回应。尽管如此，它们的疗愈潜力是存在的。

然而，如果阅读是为了让我们**进入**自己，那么阅读也是为了让我们**离开**自己，这是阅读的一种矛盾，与前面的章节中所描述的矛盾相关。在《美国无畏》（*American Audacity*）一书中，威廉·吉拉尔迪提醒我们："文学既能带领我们向外走出自我，也能使我们回归自我。"（xxix）他进一步指出，伟大的书籍不是"回音室让我们听到自己的声音被放大"；相反，它们"让我们享有一些我们不是也永远无法成为的东西"（xxix）。当代小说家理查德·拉索（Richard Russo）认为，陷入文学作品之中（尤其是一个好故事中）是"自我意识的解药"；而且，可能也是唯我主义的解药。

在书籍中认识自身，需要一些有关个人启发的瞬间，这些瞬间引起自我理解的加深。阅读不仅能让我们有机会增加知识，还能提高判断力，提供洞察的机会。阅读文学也证明了认识他人能够带领我们去接受和宽恕，因为文学带给我们看待世界的新方法，这些方法深深地嵌在我们与其他人的友好关系中。在文学中认识到自我，它所代表的意义要比个人顿悟更丰富。文学作品同时表明我们处于广阔的社会生活所提取和延伸出来的"认知圈"之中（Felski 48）。

芮塔·菲尔斯基（Rita Felski）要求读者思考他们最初为什么会被文学作品吸引。她提出这个问题，不仅面向普通读者，也面向专业读者，包括那些文学评论家及那些赞成将文学理论方法应用于文本分析和文本阐释的人。菲尔斯基反对那些赞同"为了分析而超脱于文本之上、为了批判而保持警惕、为了怀疑而有所保留"（2）的人。她要求读者去思考他们从阅读文学中获得的实际价值。其中一个价值当然就是，通过阅读文学我们学会了如何生活。我们了解了自己、了解了人类的潜能，我们也知晓了自己的局限性和不足。文学作品是形成性的，既是知识客体，也是知识的来源（7）。无论它们被用于什么用途，比如政治、社会、神学或其他意识形态的用途，我们都可以向文学作品学习，因为它们培养我们形成新的看待事物的方式。她主张："我们根据我们遇到的模型创造自己，通过体验其他存在的存在方式，我们设定自己的存在方式。"（172）我们与文学作品的相遇塑造并且重塑了我们，使我们确定并且重新确定方向（172）。它们对我们最终成为的自我做出了不可估量的贡献。这是因为当我们理解和消化文学作品的时候，我们就超越了它们，将它们用来实现我们各自不同的目的。

最独特的那些目的是拉尔夫·詹姆斯·萨瓦雷塞（Ralph

James Savarese）在《用心感受》（*See It Feelingly*）一书中所描述的，这本书讲述了他与孤独症成年患者一起阅读文学的经历。萨瓦雷塞以一对一辅导的形式与他的每一位读者在一起阅读，有时是面对面阅读，有时是通过在线打字，有时是通过 Skype[1] 来交流阅读。他们每周在一起阅读和讨论一两章经典的当代美国作品，其中包括《白鲸》、《哈克贝利·费恩历险记》、《心是孤独的猎手》（*The Heart Is a Lonely Hunter*）、《仪式》（*Ceremony*）、《仿生人会梦见电子羊吗？》（*Do Androids Dream of Electric Sheep?*）［这本书是雷德利·斯科特（Ridley Scott）执导的《银翼杀手》（*I'm Blade Runner*）的灵感来源］。

多年来，萨瓦雷塞与孤独症患者群体的读者在一起讨论文学作品，这些读者能够扩展他对自己已经教了几十年的书的理解，他对此感到十分惊讶。萨瓦雷塞认为，这些读者的认知能力不仅源于他们的思想和身体对文学的不同反应，也源于他们曾经受到过的侮辱和被排斥在外的经历。他的这些孤独症患者学生表明了他们是最有同情心和参与感的读者，他们与文学作品的连接方式，让萨瓦雷塞既感到意外，也感到惊讶。

萨瓦雷塞发现了孤独症患者的想象力，发现了他的学生可以与文学作品产生丰富多样的联系，他的这些发现有助于我们了解创造性和具有想象力的阅读和教学可以是什么样的。萨瓦雷塞

1　一款即时通信软件，可进行视频聊天、多人语音会议等。——编者注

与他的高度个性化的读者以及他们敏锐的洞察力一起所展开的人种志研究证明，读者体验、理解和使用文学作品的方式远比我们想象的更加多样化、有趣、鼓舞人心。《用心感受》[书名来源于《李尔王》(*King Lear*)]一书证明，文学可以改变我们对世界的看法，转变我们对人生的总体认知，特别是对自己人生的认知——每个人的生活环境如何影响他或她阅读文学。

约翰·凯里强调阅读文学还有另一个价值。在《艺术有什么用？》一书中，凯里强调了文学能够激发批判性思维的力量。凯里重视文学的理性思考能力——"唯一能理性思考的艺术"(177)，他断言道。对凯里来说，文学优于其他的写作形式，也优于其他所有艺术形式，因为文学能使读者产生反思，能够开发读者的想象力，鼓励自我批评的思想。

文学使我们的大脑里充满各种想法。文学有助于我们广泛而深入地思考，因为文学作品充满错综复杂的内容，富含对立的论点，需要读者"重新评价和认定"(208)。文学是一种有效工具，用来思考它所描述和形容的那些文学问题和挑战。作为发展思维方式的一种力量，凯里提出，文学"增强我们的自我意识和个人主体意识"，同时扩展我们的"私人的、个人化的想象"(213)。正如罗伯特·伊格尔斯通(Robert Eaglestone)所指出的，通过阅读文学作品"我们让自己更易于理解自己"(1)，这是对文学具有提高自我理解能力的另一种描述。

对于解释的可能性、不可预测的阅读、各种各样的用途（包括道德用途），文学一直保持开放，许多作家都是这一点的例证，简·奥斯汀和米歇尔·德·蒙田就是其中著名的两位。虽然文学作品并不直接指导读者，也不会建议读者以这样或那样的方式行事，但是，通过举例说明如何在社会中有成果地、快乐地生活，文学作品间接地达到这样的效果。比如蒙田通过援引历史，奥斯汀通过人物的行为来间接地影响读者。特里·伊格尔顿（Terry Eagleton）似乎在为蒙田和奥斯汀做注解，他认为"文学让我们在道德上得到改善，让我们更具有自我批评意识、自我意识、灵活性，思想更加开明，更坚定地怀疑传统观念"（104）。这些宏观的主张，当然只有在阅读文学的实践中才能得到证实，每一个读者在他各式各样的文学体验中都可以对这些主张表示赞同或质疑。

文学是永无止境的对话

长期以来，文学一直邀请所有读者加入一场持续对话。这种关于书籍和思想的对话是通识教育的核心。在《文学形式的哲学》（*The Philosophy of Literary Form*）一书中，肯尼斯·伯克将思想交流描述为一场永无止境的对话。以下是伯克创造出来的一个场景，他让读者想象自己正在进入一个房间。

你来晚了。当你到的时候，其他人早就领先于你到达。他们正在激烈地讨论着……你听了一会儿，然后发现你已经抓住了这场争论的要旨，你强行插入争论。有人回应你，你就回应他。又来一个人为你辩护，又来一个反对你的人……时间很晚了，你必须得走了。然后你离开了，而讨论仍在轰轰烈烈地进行着。（*Philosophy* 110-111）

文学为我们提供了持续参与这种延伸思维的对话的机会，这场书籍和作者之间的对话已经持续了千年。我们可能会问自己，我们与书籍之间的关系——尤其是与文学的关系，更具体点来说，与优秀文学的关系——可以是怎样的呢？

最早的作为教育模式的谈话是彼特拉克（Petrarch）开创的，彼特拉克尊崇古典作家，希望重现古希腊和古罗马的旧日辉煌。彼特拉克特别迷恋拉丁作家，尤其是西塞罗（Cicero）。他会给这些拉丁作家写信。尽管他们无法回信，但是彼特拉克可以根据自己在他们的作品中读到的内容，想象他们的回应。另一个例子是尼科洛·马基雅维利（Niccolò Machiavelli）的阅读习惯，他会在坐下来阅读古希腊和古罗马的古典作家的著作之前，穿上自己最好的衣服。在阅读古代文学和哲学的时候，马基雅维利想象着自己在与恺撒、西塞罗、荷马、贺拉斯、塞内卡和索福克勒斯等作家展开对话。读过马基雅维利的政治作品《君主论》（*Prince*）或他的戏剧《曼陀罗》（*La Mandragola*）的读者，也在与他对话，就像他与那些古代作家对话一样。

马基雅维利之后的几个世纪里，亨利·大卫·梭罗在他最著名的作品《瓦尔登湖》中，描述了他如何以阅读古代著作并且走到瓦尔登湖来开启每个清晨。当他在湖中沐浴时，他想象自己在与早期的文明交流，将自己与那些在印度恒河中净化心灵的人们联系在一起。当梭罗在观察和描述红黑蚂蚁之间的残酷战斗时，他想象着荷马史诗《伊利亚特》中的古希腊战士，他把撕裂的、败溃的昆虫"战士"与古代希腊和特洛伊的战士进行了比较。

彼特拉克、马基雅维利和梭罗阐释了阅读既是一种个体孤独的追求，也是一种社会性的追求。彼特拉克开创了对古代作家的系统研究，从而开创了意大利文艺复兴的先河。马基雅维利曾效力于美第奇家族，梭罗通过公开演讲分享他对古典作品的了解和热爱。他们的著作扩大了他们的影响力。彼特拉克的《抒情诗集》（Canzoniere）开创了一场诗歌运动，这部作品重点突出了一个遥远不可得的理想女性的爱。马基雅维利的《君主论》长期以来一直是如何获得并维持政治权力的指南。梭罗的《瓦尔登湖》一直是一本生活指南，它对列夫·托尔斯泰、圣雄甘地（Mahatma Gandhi）和马丁·路德·金（Martin Luther King, Jr.）都有着强烈的影响。

我们思考阅读过程本身的一种方式，是把它看作一种对话。它是两个人的相遇——作家和读者的相遇。每次相遇时，一个作家和一个读者互相谈话，我们从这些谈话中获得友谊和慰藉。

但是，我们如何与作者以及他们的作品建立对话呢？有一种方法是，我们可以在书页边空白处做笔记。我们可以回应作者的想法，尽力理解他们的思想；与他们交谈，借用他们的想法并应用于新的情况，以此来扩展作者的思想。而且，我们还可以在与别人的对话中继续我们的私人讨论，这几乎总能丰富我们的文学体验。

我们一生都在与文学作品对话，我们读过的书籍彼此之间也会对话，这些书籍也会对我们说话。优秀的书籍会适应读者，正如阿莉·史密斯（Ali Smith）所说："它们随着我们在生活中转变而改变，当我们在人生的不同阶段发生改变，再次阅读这些作品，它们也进行了自我更新。"（32-33）正如你不能两次踏入同一条河流一样，你也"不能两次踏入同一个故事"，优秀的书籍和故事也不能"两次踏入同一个人"（33）。我们不能两次踏进同一本书，因为我们曾经读过并重读的书籍会随着我们改变而改变。虽然书中的词语还是一样的，但是，在我们人生的不同阶段，它们对于我们的意义是不同的。

我们试着以成长后更成熟的眼光去阅读我们年轻时遇到的书籍时会发现，我们改变了，书籍也在改变。最伟大的书籍也反过来阅读我们。我们被我们读过的书阅读，那些伟大的作家——小说家、诗人、戏剧家、散文家——比我们更了解我们自己。这看起来有些矛盾，但事实就是如此，即便那些文学作品的文本保持不变——它们过去是什么样子，以后也一直保持原状——无论读者如何持续不断地去解释它们。文本保持不变，但作品发生了变化。文字保持不变，但是它的意义在变。

文学鼓励我们以想象的方式参与他人的生活，以此实现这些转变。我们把自己投射到其他的世界、其他的生活、其他的思维方式和感受之中——从而扩大了我们自身的体验。比如，科尔姆·托宾（Colm Tóibín）的小说《布鲁克林》（*Brooklyn*），讲述了一个爱尔兰的年轻女性移民艾利斯·莱西（Eilis Lacey）的故事，她离开了祖国，于"二战"后乘船来到纽约的布鲁克林谋生。通过阅读托宾对艾利斯的经历富有想象力的再创造，我们从理性和情感上理解了她——她在爱尔兰、海上的旅程以及后来来到美国的不同阶段想了什么、感受到了什么。我们透过她的眼睛看那个世界，我们分享她不断变化的情感，我们以想象的方式理解和体验她的经历——无论我们年老或是年幼，无论我们是男性或是女性。

高质量的阅读能加深理解并拓展思维。阅读激发我们进行批判性以及创造性的思考，它鼓励我们反思与发问、赞赏与批评。它让我们形成我们过去未曾想过要去遵循的思想路径，传达一些甚至连作者可能也没有意识到自己有所暗示的东西，说一些作者可能既无意也不准备说出的话（Calvino 99）。阅读也会让我们再次在脑海中浮现那些之前已经遗忘的片段、"可能仍然是模糊不明的或被低估的直觉和不完全认知"（Philip Davis 73）。文学常常使我们感到惊奇，有时，这种惊奇会让我们意识到——或是隐约意识到——一些我们过去不知道自己知道的东西、一些我们已经忘记了如何去感受的东西、一些从记忆中找回的东西，不管（我们找回记忆）是多么犹豫不决。

我们的阅读行为，就像我们阅读的文学作品一样，都是自我愉悦的表演。为了获得这种程度的文学乐趣，阅读文学需要我们为了阅读本身而阅读，需要我们轻松但是又严肃地对待它，需要我们充分利用我们的知识和经验，以从中汲取它所能提供的一切，为了我们自己、为了作品本身以及为了文学、语言和作品起源的生活世界，尽可能地理解与吸收它。

阅读与生活质量

有多少人的人生因为读一本书而变得不同？有多少想法和体验是因为读者读到了书中的语句而萌发的？阅读激发我们思考、激励我们行动并启发我们改变思考和行动的方式，这在多大程度上鼓舞了我们？阅读改变人生。

有些人在人生早期阶段体验到了阅读的乐趣和力量，他们会把这些乐趣和力量带到后面的人生旅程中，就像运动员把他们在年轻时发展起来的技能带到成年阶段一样。阅读就像某些运动，比如网球、游泳、滑雪和高尔夫球等，我们可以比较早地学会它并在一生中应用它。一个人具有敏锐的阅读能力，就意味着他受过教育，而且很可能是个有趣的人。理解和享受阅读的能力是终

生快乐的源泉。

然而，我们为了阅读所提出的所有论点——有关阅读在学校和工作中能发挥作用的实用主义论点，还有关于阅读如何为我们的人生带来多种乐趣的经验主义论点——都不足以说明它的价值和重要性。阅读是值得花时间做的事，但矛盾的是，它对于生活来说并不是绝对必要——它可不像呼吸，在生活中没有它，我们也能前行。很多人没有阅读很多也成功了。阅读并不能保证获取名利，也不能保证世俗的成功。

阅读更大程度上是一种奢侈品，而不是一种必需品，不过，无疑它丰富了我们的生活。阅读使我们对自己更有吸引力，让我们能更好地陪伴自己——更好地陪伴他人。阅读帮助我们拥有更美丽的心灵。

阅读能够以多种方式激励我们。在冰岛，阅读不仅能激励人们更多地阅读，还能激励人们大量地写作。公民的识字率达到100%，每个冰岛人都能欣赏早期冰岛神话和历史的英雄故事。民众曾经受到这些权威作品的启发，还有 1854 年冰岛语的《圣经》，冰岛国内每个教区教堂必须购买这本《圣经》，现在它是斯科加博物馆（Skóga Museum）的馆藏。冰岛人不仅是优秀的读者，而且还是高产的作家。今天，10% 的冰岛人不仅要写书，还要在有生之年出版一本书。这个国家视自己为阅读的国家。根据《华尔街日报》（*The Wall Street Journal*）最近的一篇评论文章，书籍一直是在冰岛生存的关键，因为无论人们多么痛苦或贫穷，他们总能从书籍中找到慰藉（A. Kendra Greene C3）。

在《流动的盛宴》（*A Moveable Feast*）中，欧内斯特·海明威描述了他青年时期以年轻作家的身份在巴黎的旅居生活。让海明威可以忍受——甚至感到愉快的——早年贫穷的巴黎生活的，正是书籍，那些书都是海明威在亲切的西尔维娅·比奇（Sylvia Beach）所开的莎士比亚书店借的。海明威从那家书店借了许多书，他愉快地描述了自己在那里发现的作家和他们的世界——19世纪伟大的法国和俄罗斯小说家及短篇小说作家的作品被翻译成英语：巴尔扎克、福楼拜（Flaubert）和莫泊桑（Guy de Maupassant），尤其是托尔斯泰、陀思妥耶夫斯基（Dostoyevsky）和契诃夫（Chekhov）。海明威受到这些作家的启发，通过写作（而不是模仿）成了日后的大作家。

塞内卡在《论生命之短暂》（*On the Shortness of Life*）一书中这样写道："艺术是长久的，生命是短暂的。"不过，我们也可能会争辩说，生命是漫长的，而且越来越长。一旦完成了正规的学校教育，我们通常将面临很多年的生活和工作。在这许多年里，我们要如何度过那些空闲的时间？无论我们的工作和职业是否能让我们有成就感，我们在工作之余要如何支配时间？当然了，大众娱乐在向你招手：电影、电视、观赏性体育、互联网、智能手机和其他科技带来的不凡成果，更不用说旅行、社交、玩游戏、运动还有专注于业余爱好了。

我并不是说这些令人愉快的活动不好，我只是想强调我们还有阅读这一选项，它让我们的大脑积极地学习各种各样的东西——实用的或是不实用的，直接对我们有用的或是根本没有任何可能的用处。正是我们为自己——因为我们想要而不是因为我们需要——而展开的阅读，不仅帮助我们打发时间，也提高并且加深了我们对世界的看法，也让我们更好地了解我们在其中所处的位置。文学作品最能满足这些迥然不同的需要。

与文学共处

文学本身就是一种体验，一种通过语言实现的生活体验。此外，文学不是一种虚拟的体验，而是一种现实的生活体验，是生活本身的一种形式和其中一个方面。

肯尼斯·伯克将文学描述为"生活设备"（*Philosophy* 253），而珍妮特·温特森把它描述为"指南针"和"工具箱"（8）。根据我们对于文学在日常生活中的用途的理解，以及我们从实用概念出发对于文学的理解，我们或多或少赞同其中的某种文学定义。毫无疑问，文学能为我们提供拓展和加深理解的各种方法，并在这样做的过程中，为我们提供各种生活策略，让我们的生活更加充实、更有收获。

接下来，我们来看一下文学可以从哪些途径证明它对生活是有价值的。让我们先简单浏览一下最近有哪些书的内容有关于某位作家或书籍改变了某位作家或其他人的人生的，这些书包括

《拥抱似水年华》（*How Proust Can Change Your Life*）、《如何生活》
（*How to Live*）、《艰难旅程》（*An Odyssey*）、《我在米德尔马契的
生活》（*My Life in Middlemarch*）、《给〈战争与和平〉一个机会》
（*Give War and Peace a Chance*）、《解读但丁》（*Reading Dante*）与
《幽暗森林》（*In a Dark Wood*）（这本书也受到了但丁《神曲》的
启发）。尽管这些书的作者各有各的写作手法，但每本书都在探
索作家的杰作如何与当今人们的生活息息相关。它们分别对普鲁
斯特、蒙田、荷马、乔治·艾略特、托尔斯泰和但丁在 21 世纪如
何吸引读者感兴趣。

　　在《拥抱似水年华》一书中，阿兰·德波顿（Alain de Boton）
展示了普鲁斯特如何理解日常琐事和日常仪式的重要性。阿
兰·德波顿把普鲁斯特的七卷本小说《追忆似水年华》作为生活
指南，里面的内容包括如何恢复一段关系、享受一段假期、认识
爱情和做一个好主人。普鲁斯特有许多身体疾病，包括慢性哮
喘，都为阿兰·德波顿提供了如何应对身体疼痛和如何与坏邻居
相处的素材。阿兰·德波顿详细分析了普鲁斯特的主题——时间、
爱情、友谊、文学——更多地展示了作者的生活而不是普鲁斯特
的小说。在模仿一些自助书籍的同时，阿兰·德波顿自己也写了
一本，他以一种戏谑的方式，为一个常被讨论而非被阅读的文学
典范重新设置了情境，并鼓励我们阅读普鲁斯特的作品，去思考
文学是如何为我们的日常生活提供乐趣和帮助的。

　　在关于蒙田的生活和写作的《如何生活》一书中，莎拉·贝

克韦尔找到了更多有用的建议。在谈到如何生活的问题时，她探索出了二十个答案，将"散文"的意义衍化为"尝试""试图"和"品尝"。贝克韦尔根据蒙田一百零七篇散文给出了二十个"尝试性的回答"。其中包括：出生、注意、使用小技巧、不要担心死亡、质疑一切、保持欢乐友好、有节制地生活、看世界、做一些以前没人做过的事、做一份好但不要太好的工作、放弃控制、反思一切但不后悔任何事、平凡而不完美、让生活成为它自己的答案等。当然，这里有很多好建议，只要我们照做就好了。我们阅读蒙田，是因为蒙田在自己的生活中与这些问题纠缠，我们观看他的平静、理智、诚实和仁慈，更不用说他的艺术技巧和修辞技巧了。我们阅读蒙田，是因为他撰写关于自己的散文，关于作为一个人在这个复杂、不断变化的世界（包括他的世界和我们的世界）中意味着什么。

为什么读蒙田？正如福楼拜所说，我们阅读蒙田"是为了生活"（转引自 Bakewell 9）。对于蒙田来说，他做了什么并不重要，重要的是他是谁。他的散文不仅表达了自己的思考和感受，也表达了他的存在。蒙田和他的书是浑然一体的。在阅读他的作品时，我们找到了他，也找到了我们自己。

如果蒙田是散文的同义词，那么荷马就是史诗的代名词，他的《伊利亚特》和《奥德赛》影响了后来西方世界的每一部史诗。丹尼尔·门德尔松（Daniel Mendelsohn）的《艰难旅程》通过讲述自己在巴德学院的史诗课程，赞颂了荷马备受欢迎的作品

《奥德赛》，并对它进行了阐释。他还写了一本关于他父亲的回忆录，里面写到他们都读过《奥德赛》，还写到他们效仿奥德赛乘坐了爱奥尼亚游轮进行游览。门德尔松把回忆录与文学批评、教育指导做了融合，他阐明了《奥德赛》这部作品的主要关注点：欺骗与承认、勇气与胆怯、父子关系与夫妻关系、旅行的诱惑与家的意义。一路上，门德尔松反思了自己的生活，特别是他与父亲的复杂关系。他与学生的关系更为融洽，他在书中对这两种关系都进行了戏剧化的描述。

也许作家们把生活与文学联系起来的最常用的体裁就是小说。在最近出版的一些著作中，作者们认为小说是他们个人生活和思想生活的一个重要方面，其中有特色的作品有乔治·艾略特的《米德尔马契》和托尔斯泰的《战争与和平》。弗吉尼亚·伍尔夫把《米德尔马契》称为"少有的写给成年人看的英国小说"（"George Eliot" 175），许多人认为《战争与和平》是有史以来最伟大的小说。

在《我在米德尔马契的生活》一书中，丽贝卡·米德（Rebecca Mead）描述了她对乔治·艾略特作品的喜爱，这种喜爱始于她的大学时期，并贯穿了她的成年生活的早期和后期。米德把传记、文学批评、新闻和回忆录融合在了一起，探讨了《米德尔马契》以及自己的生活中的主题——爱情的复杂性、婚姻的意义和价值、道德的基础、野心和失败对人的考验。她研究乔治·艾略特小说的主题，也研究自己的生活和婚姻中的这些主题，通过这些研究，米德把《米德尔马契》带到了我们所处的时间和空间。同时，她把权威的作品带到了实际的视野，令人感同身受，展示了我们在阅读一本好书的同时，也让这本书阅读我们自己。

兰登书屋对世界上一百部最伟大以及最重要的小说做了总体研究，并将《战争与和平》列在首位。《战争与和平》这部著作的规模、视野和级别并没有把读者吓跑，也没有吓倒译者。是什么让读者不断阅读这部长篇巨作？安德鲁·D. 考夫曼（Andrew D. Kaufman）在《给〈战争与和平〉一个机会》中提出了一些原因。考夫曼指出，《战争与和平》意味着许多事情，当然这包括它是一部战争小说。但是，它同时也是一个家庭传奇、一个爱情故事以及一本有关人们"试图在一个被战争、社会变革和精神困惑所撕裂的国家里为自己创造有意义的生活"（5）的书。我们当下的处境，至少在某种程度上，映射了托尔斯泰作品中所描述的19 世纪初的俄国。他在《战争与和平》中塑造的人物与我们在有些方面很相像：他们也会犯各种错，也会遭受各种苦痛（自我折磨以及遭受他人折磨），还有他们如何应对这些错误和痛苦。不过，当他们幸运的时候，他们也会体验到超越时刻。在这些时刻，托尔斯泰笔下的这些人物的生活暂时停了下来，他们更加敏锐地意识到生活的美丽。他们的洞察力得以提高，感情得以加深，对于生命的意识得以扩展和提升。

在描述《战争与和平》的丰富内涵和深度时，考夫曼根据这部小说在主题上重点关注的主要内容来组织他的作品架构。他的作品的章节标题列出了这些主题：计划、想象、决裂、成功、理想主义、幸福、爱情、家庭、勇气、死亡、毅力和真理。在探索这些广泛的主题时，考夫曼这部混合体裁的书（包括传记、历史、哲学和文学赏析），邀请我们陪同托尔斯泰一道为这些生命的宏大问题——我是谁？我为什么在这里？我该如何生存？——找寻答案。

还有什么能比这些更多地与我们的生活相关？

这些作品每一部都有权利宣称自己不仅是所属语言和所处时代中最伟大的作品，还是任何时候用任何语言写就的作品中最伟大的作品。在所有经久不衰的文学作品中，从古代史诗到莎士比亚最伟大的戏剧作品，再到现代文学的名著（比如《1984》和《尤利西斯》这两部作品，它们在兰登书屋的调查中分别位列第二位和第三位），没有一部文学作品比但丁的《神曲》受到的赞誉更高。最近的两本书阐明了一部伟大的文学作品在今天对读者来说仍然具有强烈的相关性和意义。

普吕·肖（Prue Shaw）在《解读但丁》一书中提出了这些问题：人与神之间的关系是什么？但丁是如何挑战人们对这种关系的历史性理解的？他的作品如何继续挑战着我们今天的思考？按照划分但丁《神曲》三个部分的一系列主题（地狱、炼狱和天堂）以及划分他其他作品的主题，普吕·肖对但丁的生活、世界和作品做了一番探索。但丁（和普吕·肖）的主题——友谊、权力、生命、爱情、时间、数字和文字——吸引着我们深深地走进这首伟大的诗，揭示了它与今天的我们之间存在的关联。正如普吕·肖半个世纪以来所做的那样，与但丁作品的共处让她准备好去写一本书，让我们能够认识到这位强大的诗人和这首雄伟的诗歌，同时也让该作品变得有趣易懂、引人入胜。

另一位作家直接将但丁的《神曲》与他的个人生活联系起来，以此来阐释这部作品。约瑟夫·卢奇（Joseph Luzzi）在他的回忆录《幽暗森林》中，借鉴了《神曲》来洞察自己的生活——怀孕八个半月的年轻妻子在车祸中丧生，由此他的生活发生了悲剧性的转变。很短的时间内，卢奇就成了鳏夫和一个女婴的父亲。卢奇在其西西里家庭（最重要的是他母亲）的帮助下抚养一个女儿，他在很大程度上借鉴了但丁整体的宗教史诗，一部分是为了描述他经受的痛苦折磨使读者感知；一部分把它作为一种激励和模型，激发他走向拥有希望、完整和爱的新生活。在卢奇的回忆录中，他解释了生命中的一些重要经历。就像丹尼尔·门德尔松与荷马的《奥德赛》之间的关系，约瑟夫·卢奇对于《神曲》也发挥着批判性指导和自我治疗的作用，他用但丁的诗来引导自己回归精神和心灵健康。

每一位批评家都在领扬自己所钟爱的作家。在此我要引用华兹华斯《序曲》（*The Prelude*）的结尾："我们所爱的，别人也将爱，我们教他们如何去爱。"（588）

你必须改变你的生活

最后，让我们来看两首抒情诗，这两首诗向我们展示了文学还可以以其他方式影响我们的生活。詹姆斯·赖特（James Wright）的《赐福》（"A Blessing"）——的确就像标题所暗含的意思——是一种"赐福"，甚至可以说是一种顿悟。从这两个角度来考察《赐福》这首诗以后，我们会研究一下赖纳·马利亚·里尔克的十四行诗《古老的阿波罗躯干雕像》，我们用的是斯蒂芬·米切尔（Stephen Mitchell）的译本，这首诗的结尾句子就是我们上面的小标题。

詹姆斯·赖特的《赐福》

这里的"赐福"一词源于一个古老的英语单词，意思是"用血来标记以神圣化"，它与法语的 *blesser* 一词也有联系，后者的意思是"伤害或使受伤"。在后来的英语发展中，"赐福"的含义朝着不同但又并非不相关的方向演变，"赐福"变成了一种特殊的礼物或恩典。伤害或痛苦的概念隐藏在了我们对赐福形成的观念里，尤其是詹姆斯·赖特这首诗，它的标题就暗示了它所描述的经历。赐福的痛苦类似于"神圣的伤害"，基督教神秘主义者比如阿维拉的特蕾莎（Teresa of Avila）将这种痛苦描述成"矛盾的令人愉快的痛苦"，理查德·克拉肖（Richard Crashaw）的诗、乔凡尼·洛伦佐·贝尔尼尼（Gianlorenzo Bernini）的雕塑以及艾米莉·狄金森的诗《一抹斜阳》（"There's a certain Slant of light"）都对这种痛苦有所体现。然而，赖特的诗也体现了对于"赐福"更传统的理解，它是一个积极的光环，推动着日常意义进行深化，最后形成启示，其内容只能被描述为一首顿悟诗。

"顿悟"的原意是突然意识到平凡中神圣的东西（来自希腊语的 *epiphainein*），这个词后来被世俗化了，可以包括其他表现。詹姆斯·乔伊斯极大地扩展了这个词的含义。对乔伊斯来说，顿悟是任何突然的戏剧性的或是似乎具有强化意义的令人震惊的时刻。在《干燥的塞尔维吉斯》（"The Dry Salvages"）中，T. S. 艾略特认为这样的时刻在"非时间性的与时间性的交叉点"（*Collected Poems* 198），存在于"时间内外"（199）。那些让我们感觉自己就是"音乐 / 只要音乐持续存在"（199）的时刻即是顿悟。乔伊斯有一个想法，就是在一本"顿悟之书"中收集这种超然存在的例子。他相信，对于一个愿意格外谨慎的作家来说，这将是一项严肃的任务，因为他将记录最微妙、最美好的那些体验。

诗歌把许多读者从陈腐的观念中解救了出来，诗人们常常让他们惊奇地以一种全新的方式看待世界。有一些诗歌让读者体验到了一个新的现实，在这个现实中——哪怕仅有那么一个瞬间——他们看到了一个统一的、广阔的、超越而崇高的世界。

这些特殊的时刻是神示的礼物，或者用詹姆斯·赖特的话来说，"赐福"是我们可能"绽放盛开"的时刻。用华兹华斯的语言来说，这种时刻"我们的身体入睡了 / 我们变成一个活的灵魂"（"Tintern Abbey" ii. 45-46）。这样的时刻是启示闪耀的光，自我意识、自我在闪光中突然消失了，我们感受到了某种东西，这种东西比我们唯一的自我更辽阔。对拉尔夫·沃尔多·爱默生来说，这些时刻在大自然里出现。对弗吉尼亚·伍尔夫来说，这些"存在的时刻"随时随地都可能发生。

顿悟诗充满了惊奇、讶异、惊愕，比如赖特的《赐福》。

赐　福

不远处的公路通往明尼苏达州的罗切斯特，

暮色在草地上轻轻地摇曳着。

那两匹印第安小马驹的眼睛

黑漆漆的，流露出友善。

它们从柳树丛中欢快地走出来

欢迎我和我的朋友。

我们跨过有倒钩的铁丝网，走进牧场

它们一整天都在那里孤独地吃草。

它们激动地起伏跳跃，快乐难掩

因为我们的到来。

像湿了羽翅的天鹅，它们害羞地鞠躬。彼此相爱着。

世间没有如这般的孤独。

又一次无拘无束地，

它们咀嚼着春天的嫩芽，四周是黑暗。

我真想将那只瘦削的小马驹搂在怀里，

她朝我走了过来

用鼻子蹭着我的左手。

她有着黑白相间的毛发，

鬃毛随意地落在额头上，

微风吹拂，我禁不住去抚摸她的长耳

娇嫩如女孩的手腕。

突然间我意识到

如果我走出这身躯体，我会绽放

开成一朵花。

A Blessing

Just off the highway to Rochester, Minnesota,

Twilight bounds softly forth on the grass.

And the eyes of those two Indian ponies

Darken with kindness.

They have come gladly out of the willows

To welcome my friend and me.

We step over the barbed wire into the pasture

Where they have been grazing all day, alone.

They ripple tensely, they can hardly contain their happiness

That we have come.

They bow shyly as wet swans. They love each other.

There is no loneliness like theirs.

At home once more,

They begin munching the young tufts of spring in the

　　darkness.

I would like to hold the slenderer one in my arms,

For she has walked over to me

And nuzzled my left hand.

She is black and white,

Her mane falls wild upon her forehead,

And the light breeze moves me to caress her long ear

That is delicate as the skin over a girl's wrist.

Suddenly I realize

That if I stepped out of my body I would break

Into blossom.

　　赖特这首诗的标题完美描述了其意义和感受的发展轨迹。随
意的开场白并没有给出有关后文中超然体验——以及随着诗的推

进而等待着读者的那种非比寻常的惊喜——的任何线索。第二行为这首诗带来更多描写，超越了开头平淡的描写，它描写暮色"在草地上轻轻地摇曳着"，转换到了一种不同的语域。这首诗很快地从这句话写到了印第安的小马驹，表现它们的眼睛"黑漆漆的，流露出友善"，这句话在本诗的短句中语气较为有力。接着，诗人／讲话的人继续描述小马驹，说它们"欢快地"来"欢迎"讲话的人和他的朋友。在短短的六行诗中，诗人确立了一种温暖、亲切的基调，为人与自然世界、人与马之间的交流做好了准备。

当讲话的人和他的朋友"跨过有倒钩的铁丝网，走进牧场"时，他们越过了一种边界，进入了小马的世界，给这些动物带去了陪伴——尽管在它们"孤独"吃草之前。小马对说话者和他的朋友的手势做出反应：它们"起伏跳跃"并"害羞地鞠躬"。讲话的人将这个动作解读为"爱"和"快乐"——它们能帮助人们驱散"孤独"。语法上，这种"孤独"是指小马驹的孤独；从语义上引申开来，这种孤独也包含说话人和他的朋友的孤独，他们渴望触碰小马驹，就像他们想象小马驹也渴望与他们接触一样。

就在这个地方，赖特的诗做了突然的转向，一匹小马驹用鼻子蹭讲话人的手，他内心产生了"将那只瘦削的小马驹搂在怀里"的渴望，他回应着小马驹，抚摸着它的长耳朵，把它比作"女孩的手腕"上柔软娇嫩的皮肤。说话者抚摸着那匹瘦小的黑白相间的像女孩的小马，说道："突然间我意识到／如果我走出这身躯体，我会绽放／开成一朵花。"

这种突然的意识是以一个暗喻来表达的——身体绽放成一朵花的样子，完成了它的终极目的或目标。诗人以一句话来表达说话者的顿悟，这句话被分成了三行，其中两行简短，语气有力。这首诗结束的诗行以"突然"开头，这个词是一个信号，预示着有重要的事情即将发生。短句以"意识到"结尾，它是一个标志，标志着说话者的领悟。说话人意识到的内容放在了这首诗倒数第二行的句子里，这句话的意思从"绽放"一词这里溢出，让我们停顿片刻，等到"开成一朵花"结束这句话，整首诗的意义圆满了，这句话给这首诗和它所体现的顿悟带来了完美的结局。

里尔克的《古老的阿波罗躯干雕像》

《纽约时报》（*The New York Times*）文学和文化评论家 A. O. 斯科特（A. O. Scott）在《批评改善生活》（*Better Living through Criticism*）中，考察了赖纳·马利亚·里尔克最著名的诗《古老的阿波罗躯干雕像》。通过考察这首诗，他描述了文学与生活——艺术与生活——的交集。斯科特分析了里尔克的这首十四行诗与它对读者的要求之间的关系。

里尔克这首诗的灵感来自他对一个古代人形躯干雕像的观察，这次相遇强烈地吸引了诗人，以至于让他觉得不得不写下这首诗。"你必须改变你的生活。"这首诗总结道。这几个简单的词语让人感到出其不意，它们让我们的阅读戛然而止。我们可能会

想：里尔克是怎么对读者提出这样一个要求的呢？以下给出的英文版是斯蒂芬·米切尔从德语翻译过来的版本[1]。

古老的阿波罗躯干雕像

我们无从知晓他传奇般的头颅

还有那成熟水果般的眼睛。然其躯干

仍然从内而外地有光彩弥漫，

像一盏灯，他的目光转向低处，

尽其所能地它闪烁着微光。否则，

那流畅的胸部曲线不会如此炫目，

微笑也不会穿越平静的大腿和臀部

来到繁衍之火闪烁的黑暗中央。

否则，在那如瀑布般垂落的半透明肩膀下面

它只是一块石头残缺不全

不会像野兽的皮毛一样晶莹发亮：

不会像星星一样，从周身的轮廓，

---

[1] 本文由英文译为汉语，原文为德语十四行诗，其韵式为abba、cddc、eef、gfg。汉语译文保留了这种形式的韵脚。——译者注

爆裂：这里的任何一个地方

都盯着你。你必须改变你的生活。

Archaic Torso of Apollo

We cannot know his legendary head

with eyes like ripening fruit. And yet his torso

is still suffused with brilliance from inside,

like a lamp, in which his gaze, now turned to low,

gleams in all its power. Otherwise

the curved breast could not dazzle you so, nor could

a smile run through the placid hips and thighs

to that dark center where procreation flared.

Otherwise this stone would seem defaced

beneath the translucent cascade of the shoulders

and would not glisten like a wild beast's fur:

would not, from all the borders of itself,

burst like a star: for here there is no place

that does not see you. You must change your life.

诗中说要改变你的生活，这意味着什么？斯科特认为，这不只是在说，你被美丽的事物或是令人赞叹的东西迷住了。我们想知道，里尔克的生活在遇见这件艺术作品之前与遇见这件艺术作品之后都有什么不同。对于我们这些读者来说，我们的生活会因为这里双重的相遇而发生怎样的变化呢？第一次相遇是，我们遇见里尔克的诗；第二次相遇是，我们遇见这首诗描述的古老的阿波罗躯干雕像。里尔克这首诗的结尾既是一个命令，也是一个启示，它具象化地表达了神秘和意义，而这种神秘和意义只能由我们自己去解释。

斯科特认为，里尔克的描述与其说是雕像本身，不如说是看到它时的感觉。里尔克从我们看不到的东西开始：躯干的头部和眼睛。躯干部分腐化的状态以及它"古老的"特质——它残缺和古老的那一面——让我们"站在某件从我们无法想象的过去幸存下来的东西面前"（67）。矛盾的是，一旦里尔克把我们的注意力吸引到了躯干缺失的部分，我们就不可思议地能够"想象出眼前看不到的部分"（68）。空洞的眼睛闪烁着的光——它们的成熟——体现出完整躯干甚至是不再与其连在一起的部分所散发的生命力。我们欣赏这具雕像的不完整，斯科特认为，这正是"因为消失的眼睛发出的光"，如果没有这束光，我们将只能看到"冰冷破碎的石头"（70）。

这很诡异。

诗中第二个这样的时刻，是在这句中表达出来的："这里的

任何一个地方 / 都盯着你。"我们体验到自己"突然而又不可思议地显现、暴露又被理解的感觉"（70）。代词从第一人称转到第二人称，从"我们"转换到"你"，诗本身看到了我们，它定睛凝视着我们。当我们看向里尔克的诗还有那古老的雕像时，我们自己也正在被注视。斯科特写道："你被打开，暴露在宇宙面前，而宇宙通过古代大理石和现代文学之口，向你传达了一个信息：你必须改变你的生活。"（71）

　　这又意味着什么？它的意义当然不是不言而喻的。我们每个人都必须自己去阐释这一命令。我们到底需要如何改变我们的生活？什么样的改变是必要的呢？什么样的变化又是可能的呢？在考虑这些变化时，我们又依据什么思考呢？它是否需要我们去谨慎地生活来丰富我们的体验，是否需要我们更深入、更持续地接触艺术——任何一种或所有的艺术？我们必须要听从哪一条艺术的劝告？我们又应该怎么做到听从劝告呢？这对我们来说意味着什么？我们到底有多想找到答案？我们要如何为这些具有吸引力的问题找寻答案呢？

终　章

九条阅读法则

我们应该如何阅读才能最大化地吸收它带给我们的好处呢？下面列出的一些阅读准则可以指引我们迈向正确的方向，它们一起构成了阅读的信条。

- 积极地阅读。
- 审慎地阅读。
- 前瞻性地阅读。
- 回溯性地阅读。
- 阐释性地阅读。
- 评估性地阅读。
- 有目的地阅读。
- 习惯性地阅读。

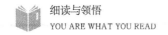

● 愉快地阅读。

积极地阅读　阅读需要我们细致、缜密地进行，在阅读过程中，我们进行观察、联系和推理，并对文本提出若干问题。积极阅读是一种积极反应、负责任的阅读形式，这种阅读是严肃的——甚至是艰苦的，就像梭罗在《瓦尔登湖》中所说的，需要我们付出运动员备战奥运会的那种耐力。

审慎地阅读　阅读需要缓慢而仔细地进行。"审慎"意味着耐心的思考，暗示着思考、琢磨、权衡等行为，也隐含着目的、意图和从容思虑的意思。在《瓦尔登湖》的《阅读》（"Reading"）篇中，梭罗这样建议："读者阅读书籍应该像作者创作时那样审慎且有节制。"（403）

前瞻性地阅读　强调我们基于文本已读的部分对接下来的发展有什么预期。前瞻性阅读需要想象力，展望文本的可能性。在阅读时我们做出预期的设想，其实是产生一些期待，文本要么满足我们的期待，要么让我们的期待落空；如果是后面一种情况，我们会修正预测或做出新的预测。

回溯性地阅读　我们既要向后阅读，也要回过头阅读前面的内容，它强调的是阅读基本的循环性和螺旋式的重复。我们在继续阅读的同时回溯前文，这样，我们可以根据后文部分对前文部分进行重新评估，于是我们就建立了新的联系。回溯性阅读是周期性的体验，它不是线性的过程，它是循环的体验。当我们在文本中既阅读又回溯的时候，我们的预期得以调整，我们的记忆也发生了改变。

阐释性地阅读　强调分析性阅读。当我们阐释性地阅读时，我们争取理解、分析和解释文本——首先对自己解释，然后对别人解释。阐释需要我们主动创造意义，而不仅仅是被动地吸收意义。阐释依赖于推理。阐释既需要智力层面的理解，也需要情感层面的理解，它建立在推理的基础上，没有推理就没有阐释。

评估性地阅读　要求我们既要考虑作品本身的价值（即我们对它的评价有多高），也要考虑作品的其他价值，尤其是社会与文化价值和道德倾向。一件作品的价值将与它吸引我们注意力的程度、影响我们感受的程度、有效指导我们的程度以及强烈吸引我们参与其中的程度成正比。我们出于不同的原因重视不同的作品。对于同一部作品，我们在人生中的不同时期对它的重视程度不同。

有目的地阅读　要求我们带有某种意图去阅读，比如为了加深了解、培养智识、获得安慰和友谊。我们的本质是社会生物，阅读提供了很多种方式，让我们可以获取阅读这种人的联系带给我们的各种意义深远的乐趣和价值。有目的地阅读可以提高我们的鉴赏力、强化我们的文学技巧、提高我们的判断力并引领我们走向智慧。

习惯性地阅读　高质量阅读——既有自信也有能力——最好通过有规律的日常阅读来实现。让阅读成为我们日常生活的常规部分，证明了它对我们的智力、情感和心理健康的重要性。通过习惯性阅读，我们培养了一定程度的阅读舒适感，这对长期成功和快乐地阅读是至关重要的。

愉快地阅读　我们应该从阅读中寻找并获取乐趣。我们应该读那些我们喜欢并想要阅读的书籍和文章。当我们阅读自己感兴趣的那些书时，我们从中学习知识，我们允许它们在我们身上施展魔法。为获取乐趣而进行的阅读巩固和强化了阅读的习惯。

要想获得高质量的阅读，我们需要积极而审慎地、前瞻性地且回溯性地、阐释性地与评价性地、有目的地、习惯性地以及愉快地阅读，投入我们的智力和情感。这些阅读法则可以产生无数好的效果，提供多重的终身阅读乐趣，改变我们的人生。

附录 A　纸质阅读与数字阅读

书籍比大多数其他媒介都能更深入地让人充分探索某个主题并沉浸其中。

——马克·扎克伯格

与任何新技术一样，新的阅读技术与旧的阅读技术并存。例如，虽然我们不再以卷轴的形式阅读文本了，但是，出于宗教的目的，这种阅读形式仍然得以存留，比如犹太教仪式中（尤其是成年礼的传统中）使用的卷轴上保存着希伯来文的《摩西五经》（Torah）。还要提到的是，我们今天仍在智能手机、平板电脑和电脑上像展开卷轴一样"滚动"文本。

尽管手机和平板电脑上的流媒体视频已经变得无处不在，我们仍然听广播、看电视、去影院看电影。因此，我们也可以说，即使电子书越来越普及，我们也将继续阅读装订书。最近的统计数

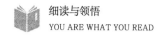
据显示,电子书的消费正在放缓,而纸质书阅读正在恢复以前失去的一定地位。

不过,虽说它们共存,纸质阅读与在线阅读还是不同的,阅读印刷版的书籍和杂志的体验与阅读电子传输的数字化格式书籍及杂志不同。这些区别是什么?它们对不同类型的阅读可能有什么影响?此外,越来越多的人转向数字阅读,这对下一代读者来说意味着什么?这些读者将以什么样的方式阅读文学作品,阅读效果会如何呢?

弗林·克林肯博格(Verlyn Klinkenborg)在《纽约时报》发表的一篇评论文章中表示,自己在平板电脑上读过数百本书,他读过的那些电子书不仅消失在了网络空间,也从他的视觉和记忆中消失了。其结果是,那些书的物质性和随之而产生的实在性也消除了。他指出,记住实体书的大小、重量、形状、排版和页面布局,有助于他记住自己确实读过那些书。他更容易忘记自己读过的电子书;没有实体书可以拿在手中看,他就不会想自己读过这些书。克林肯博格承认电子书和实体书都能"让我们陷入沉思";它们能"修正我们的意识",给我们带来娱乐、影响甚至改变我们。但是,电子书阅读比纸质阅读更转瞬即逝,纸质书的物理存在证明了我们已经阅读过它们,它装订成册的存在使发生在头脑中的阅读行为实体化。斯文·伯克茨写道,他只要看看自己的书,就会有一种"期待中的宁静感"和"未来感"(转引自 Giraldi 410),因为他预见和想象到了即将到来的愉悦。

约瑟夫·爱泼斯坦与克林肯博格和伯克茨的观点一致，他在《书香生活》（"The Bookish Life"）中提出："印刷字体比像素更有分量，更有质感，要求读者有更高的注意力。"爱泼斯坦称，读者在阅读印刷品文本时更注重风格。他自己在阅读数字文本时会略读和跳读，而他在阅读印刷书籍时不会这样做。爱泼斯坦建议区别对待数字阅读和纸质阅读，"用像素来获取信息和便捷"以及"用印刷字体来获取知识和乐趣"。这并不是说某种媒介一定就比另一种好，而仅仅是因为它们的差异非常显著，足以让我们同时保留它们以用于不同类型的阅读和阅读目的。这是我要强调的第一点。

举个例子，电子屏幕对于阅读一本篇幅相当长的书来说就不太理想。看电子屏幕时，我们更容易疲倦。而且，我们也更容易分心。我们更容易忘记阅读到哪个地方并且更难找到它。数字化的文字会在屏幕上消失，被其他文字取代，而其他文字也同样会消失不见。

第二点，最近的研究表明，当我们阅读纸质读物时，我们能更好地记住信息，更全面地理解文本。神经学研究表明，我们能更全面地阅读纸质书籍，一部分是由于这种体验具有的触觉和感官特征，一部分是由于它蕴含的审美素养。当我们阅读印刷文字而不是像素时，我们记住的东西更多，记忆效果更好（Giraldi 44）。

第三点，有研究结果表明，我们会更充分地与印刷文本建立联系，更容易"迷失"在纸质书作者描述的那个虚拟世界之中。威廉·加斯（William Gass）指出，通过电子屏幕阅读的书籍没有实物，

"没有物质性"(33)。富兰克林·福尔(Franklin Foer)描述了他需要躲避到印刷页面的沉静世界,他可以在指尖摩擦书页,而不是像阅读数字文本那样受到监视。我们在一个安静的私人空间里阅读纸质书,与外界隔绝,没有联系,不会受到干扰和分心。

在《圣经的兴衰》(*The Rise and Fail of the Bible*)一书中,蒂莫西·比尔(Timothy Beal)思考了数字革命带来的冲击以及印刷文化主导地位的终结将如何改变《圣经》中文字和思想的意义。比尔描述了阅读的三个维度——超文本、过程和协作(189)。在这三个维度中,最常被人们讨论的是超文本性,即任何文本都可以与其他大量的文本和图像连接起来。这些广泛联系的一个结果是文本增殖,随着文本流动和溢出到另一个文本之中,文本和语境之间的界限模糊了。比尔有关过程的见解暗示了文本如何与其他文本一起在复杂的网络关系中存在。因此,文本总是处于形成和重新形成的过程中。所以,纸质阅读和数字阅读之间的第三个显著区别是,印刷书籍具有稳定性而数字书籍不具有这种稳定性。

第四点也是研究读者大脑的研究人员高度关注的一点,那就是,数字阅读与纸质阅读的区别如此之大,以至于读者的大脑正在以一种我们还不了解的方式被改变。在《脑海中的阅读》(*Reading in the Brain*)一书中,斯坦尼斯拉斯·迪昂(Stanislas Dehaene)研究了大脑语言的认知神经科学。他考察了脑成像研究,重点放在前额皮质上,以及它如何发展有利于学习阅读的神经通路。玛丽安娜·沃尔夫在《普鲁斯特与乌贼》(*Proust and the Squid*)中探讨了人类阅读的历史,结合阅读解释了人类智力的发展,并科学地解释了人们在学习阅读的过程中为什么会遇到障碍(4)。在玛丽安娜·沃尔夫最近的作品《升维阅读:数字时代下人类该如何阅读》中,她提出了自己的论点,认为"学习阅读的行为给我们人科动物的大脑增加了一个全新的回路",并"重新连接了大脑,这改变了人类思维的本质"(2)。沃尔夫把注意力转向了阅读在当今的数字世界中是如何变化的。她提出,科学和技术可以解释"不同形式的阅读对认知和文化的影响"以及这种理解可以帮助改变下一代读者的"阅读回路",下一代读者指的是现在沉浸在数字阅读中的读者。这些乐观的目标流露出她对未来的阅读——既包括数字阅读也包括纸质印刷阅读——抱有希望和乐观的态度。

在《升维阅读:数字时代下人类该如何阅读》这本书中,沃尔夫思考了数字阅读对如今在数字世界中成长的孩子们的阅读大脑可能产生什么样的影响。她认为,随着数字信息处理的迅猛发展,儿童和成人的注意力都会越来越分散和碎片化,同时他们渴望快速地搜索信息,没有耐心培养深度认知能力。这样的结果是缺乏"认知耐心"。因为数字化,视觉刺激的数量和节奏逐步升级,随之而来的是,人们用于处理、分析和评估信息的时间不可避免地减少,把信息与我们已获取的知识联系起来的能力在下降(122)。

因此,深度阅读这种节奏缓慢、需要耐心和审慎思考、长期学习所必需的阅读方法,处于危险的境地。沃尔夫发出了一个警告:在过去的十年里,我们在这些方面发生了相当大的变化——"我们读了**多少**，我们**如何**读，我们读了**什么**，我们**为什么**读，这些问题的背后有一个'数字链'把它们联系了起来，收缴了我们才刚开始计算的收入"（72）。她认为，这些发展影响了年轻读者成熟的大脑，使数字读者丧失了深度阅读纸质严肃书籍（包括文学）的能力。这一损失引起了小说家约翰·福尔斯（John Fowles）绝望的呼声，他认为可能需要一场生态灾难或其他形式的灾难才能让大多数人回归阅读（67）。

虽然沃尔夫承认自己成长中形成的深度阅读能力正在萎缩，但是她向其读者直接提出的一些问题非常值得在此全部引用（以无序列表形式呈现）。

- 我的读者，你在阅读时的注意力是否不如以前了，可能还记不住读过的内容？
- 在电子屏幕上阅读时，你是否注意到自己越来越多地阅读关键词而略去其余的内容不读？
- 这种通过屏幕阅读形成的习惯或风格是否已经渗透到你阅读打印文件的过程中？
- 你是否会反复阅读同一篇文章以试图理解它的意义？（96）

除了沃尔夫的问题，我还要问几个问题：你是否已经不再阅读晦涩难懂的长篇巨作？你是否已经不读小说、历史著作？或是，在若干年前你曾经沉浸其中深度阅读过的某些作品，现在却似乎已经没有时间、精力、耐心或毅力去阅读了？

下面又列举了一些沃尔夫提出的问题，在此同样以无序列表呈现它们。

- 你是否已经习惯于如此快速获得信息的摘要，以至于你不再认为有必要或没有时间自己分析这些信息？
- 你是否发现自己逐渐回避那些信息量大且难懂、复杂的分析——甚至是那些现成的分析？
- 你是否不再能找到从前自己从阅读中获得的那种乐趣？
- 如果有一天，你停下来，怀疑自己是不是正在改变，然而最糟糕的是，你根本没有时间做点什么来挽回，你该怎么办？（96）

最后一个问题最令我沮丧。针对这个问题我想说，我们可以不要过于关注时间不足的问题，而是更多地关注人们为此做些什么的意愿减弱了。也许是因为深度阅读的价值似乎正在社会、学术生活以及职业生活中整体消失，更不用说在我们的个人生活中了。

沃尔夫发出警告：数字阅读侵蚀了理解以及批判性和创造性思维所必需的持续深度阅读，我有着同样的想法。像前面提到的其他一些作家一样，我认为，在年轻人转向数字阅读的过程中，大家需要保持阅读纸质书籍的习惯，尤其是对于阅读文学来说。

当然，不是每个人都认可这一观点。

丹·恰森（Dan Chiasson）最近在《纽约客》上发表了一篇名为"数字技术对阅读的影响"（"Reader, I Googled It"）的文章，对利娅·普赖斯（Leah Price）的《我们在谈论书籍的时候，我们在谈论什么》（*What We Talk about When We Talk about Books*）进行了评论，他赞美作者接纳广泛的阅读实践、形式和体验。和沃尔夫一样，普赖斯认识到数字阅读将成为许多人——尤其是千禧一代以及其他年轻读者的——首要阅读形式。她还提醒我们，印刷曾经也是一种不稳定的技术，对于印刷，苏格拉底可能是最著名的危言耸听者，认为它有一定的危险，特别是侵蚀记忆。

恰森提出了一些关于阅读的重要问题，同时他也指出，即使是那些阅读纸质书籍的人也倾向于在网上谈论这些书籍，互联网阅读与纸质阅读以协同方式发挥作用，而纸质阅读促进了我们目前关于阅读的讨论——无论我们主要是在线上还是线下阅读，阅读的是印刷文本还是数字文本。他还认为，互联网是阅读的动力，出版社与书商的网站、聊天室、大型互联网供应商、玩家和承办商，它们一起推动阅读事业的发展，包括印刷和数字形式的严肃书籍阅读。这是数字阅读的好处之一。

恰森认为，在线阅读非虚构作品会有一些特别的好处，主要是这样可以让读者利用超链接。他认为以这种方式阅读人物传记是有价值的，尤其是读者可以很容易地链接到各种形式的背景信息，特别是历史背景以及在传记中与主角人物有联系的其他人物信息。当然，这在一定程度上是有道理的。然而，我不禁会去设想以数字阅读的方式来读鲍斯韦尔（Boswell）的《约翰逊传》（*Life of Johnson*），我是要去关注鲍斯韦尔对约翰逊及其圈层进行戏剧化处理的文学艺术，还是查询鲍斯韦尔描述约翰逊一生的时候涉及的形形色色的人物信息（包括图像），这让我左右为难。这有点像是一边读鲍斯韦尔的传记，一边钻研利奥·达姆罗施（Leo Damrosch）的《俱乐部》（*The Club*），这本书讨论了约翰逊和鲍斯韦尔与其他一些人工作、生活的联系，比如爱德华·吉本（Edward Gibbon）、大卫·加里克（David Garrick）、埃德蒙·伯克（Edmund Burke）、奥里弗·哥尔斯密（Oliver Goldsmith）、理查德·布林斯利·谢立丹（Richard Brinsley Sheridan）、乔舒亚·雷诺兹爵士（Sir Joshua Reynolds）、赫斯特·斯雷尔（Hester Thrale）和大卫·休谟（David Hume）等，在这本书和鲍斯韦尔的传记之间来回切换。这样的阅读方式显然有很多优点，但是，欣赏鲍斯韦尔在文学传记上的成就一定不在其中。我们在鲍斯韦尔的《约翰逊传》这样的文学著作和大量社会、文化和历史资料之间辗转穿梭，注意力就会出现分散。我自己的阅读偏好是，读鲍斯韦尔的书时就只读这本书，而在读它的前后，可以读另一本书，比如达姆罗施的《俱乐部》，读每一本书时都付出我全部的注意力。别人可能会更喜欢相反的阅读方式（来回切换式阅读）。无论我们在这个例子或其他类似的例子中贯彻哪种阅读法则，我们的阅读方式一定各有不同。

十多年前，N. 凯瑟琳·海尔斯（N. Katherine Hayles）发表的一篇题为《我们如何阅读：细读法、超阅读与机器阅读》（"How We Read: Close, Hyper, Machine"）的文章引起了争议。在此，我不去讨论她提出的第三类阅读——机器阅读，而将讨论集中在印刷与数字的分歧上。海尔斯确立了两个相互关联的关键挑战，现在这两个挑战仍然没有得到充分解决：（1）如何将数字阅读转化为阅读能力的提升；（2）如何弥合数字阅读和印刷阅读素养之间的差距。海尔斯指出，这两种类型的阅读是并行的，两者之间没有转换。她并不是唯一一个注意到印刷阅读和数字阅读之间存在诸多差异的人，但是，她对这两种阅读方式的描述也许是最深入彻底的。

海尔斯从本质上将数字阅读描述为"超阅读"，它包括浏览文本、扫描文本、"浅"阅读文本、超链接文本、从长文本中抽取内容，在多个计算机窗口打开的状态下"并置"文本或跨文本阅读。她将这些超阅读实践与档案研究有关实践联系在一起，与超阅读一样，档案研究需要采用不同于细读法或深度阅读的阅读策略。

当然，这很有道理。不过，我要补充两点。首先，海尔斯所描述的那种超阅读行为也可以应用在阅读纸质文本的过程中——不仅可以应用在档案研究中，而且也可以应用在研究书籍、期刊、杂志、广告、小册子、宣传册、车身广告、传单和其他印刷媒体的过程中。其次，超阅读可以做到略读和扫视，这早已为"基础"读者所熟知、实践，书籍和课程中也有教授。向学生介绍阅读方法的书籍（例如教他们怎么阅读介绍性的大学教科书）里就有很多略读和扫视的策略和练习，没有什么新鲜的东西。而超阅读的不同之处在于，同时打开多个文本。还有一个海尔斯没有提到的不同点，那就是它分散注意力的危险诱惑性，注意力不是被打开的研究文本所吸引，而是被那些只要鼠标点击就能获得的与阅读项目无关的文本所吸引，例如，浏览网页和网上购物，网页上有大量吸引人点击的"标题诱饵"。

海尔斯引用了尼古拉斯·卡尔（Nicholas Carr）的《浅薄》（*The Shallows*）。在这部作品中，作者声称网络阅读（海尔斯的超阅读）会导致深度阅读能力的下降。卡尔认为，网络超阅读降低了一个人在一定的持续时间内集中注意力的能力，这导致了肤浅的思考。他进一步指出，网络阅读与书本阅读之间有着显著的区别——他认为，屏幕并不是一页纸。

比如，你可以比较在线阅读和纸质阅读有什么不同。思考一下，在两种不同的阅读环境中，你自己的阅读过程是怎样的。想想哪里会出现重叠——这个过程中，某些方面似乎非常相似，而另一些方面则大相径庭。尤其是在线阅读时，总有一种倾向，想要点击链接、脱离文本的一页内容去访问网站、从电子页面跳出来去回复邮件或Facebook上的更新。或是再思考一下，手指在电子页面上下翻动与在书本上翻页有什么不同。现在，许多电子书阅读器模仿某些纸质书的真实特征，尤其是用手指翻页。

然而，这些观察结果只表明了，在我们使用不断发展的电子技术来思考和处理信息的过程中，我们所面临的风险是微乎其微的。当我们打开电脑时，我们进入了一个"注意力中断技术的生态系统"(转引自 Carr 91),这个系统缩小了我们集中注意力的时间跨度,限制了我们集中注意力和深入思考的能力,随着时间的推移,实际上会重新连接我们大脑中的神经元,让我们成为有智力的杂技演员,而不是深入思考者。我们在使用电子设备时经常遇到的干扰,比如电子邮件通知、Twitter和Facebook更新、无处不在的广告、网页爬虫程序等,它们会分散我们的思想,降低我们的注意力,让我们更加焦虑。

毫无疑问,数字阅读和印刷阅读这两种方式都是必要的,也都是有价值的。超文本链接阅读,对于快速浏览材料、在多个文本之间切换非常有用;集中注意力的深度阅读,对于理解文学、音乐、数学、科学等复杂的作品非常必要。并不是说某一种阅读是好的而另一种不好,而是说,每种阅读都能满足不同的阅读和思考目的。对于学生们在大学里所做的大部分学术工作和后面一些专业性的工作来说,他们需要提升持续阅读严肃的印刷文本相关的技能,而超文本阅读并不能为他们提供这些深度阅读和思考的能力。

学生必须学会高质量地进行这两种形式的阅读。不过,现在的问题是,无论是在线阅读还是印刷阅读,他们在超文本模式下的阅读要远远超过持续的深度阅读。海尔斯引用了玛丽安娜·沃尔夫的《普鲁斯特与乌贼》里的话,大意是说,我们需要教学生成为具有"双文本或多文本的阅读能力,能够以不同的方式灵活地分析文本,在任何文本推理性的、需要高技能的每个发展阶段,都有更仔细的指导"(226)。这代表了目标和理想。但是,为了实现这个理想目标,最佳途径是什么呢? 这仍然是一个未决问题。

海尔斯认识到,对于这两种阅读来说,发现模式都是非常重要的。对于跨学科的各种阅读来说,这种技能都是极为宝贵的。然而,仅仅是去发现模式是不够的。发现模式是一项基本技能,它的重要性在观察之后。阅读要在观察中建立联系、发现关系以积极建构模式。发现模式和观察,是两种相关的基础阅读技能,对于在线阅读和印刷阅读都至关重要。但是,学生需要学习如何将这些基础性的阅读技能提升到做出推断,然后再从做出推断提升到以阐释的形式得出临时性的结论,这些阐释有文本证据和逻辑推理做支撑。超阅读并不鼓励这些更具反思性的批判性阅读和思考技能。

沃尔夫强调推论的重要性,她重视文本分析。长期以来,文本分析一直属于细读法的范畴,这种阅读法与阅读书籍有关,尤其是阅读各个领域的严肃书籍,而且通常是印刷品。遗憾的是,如果学生放弃持续、深度的分析性与阐释性阅读,他们会失去很多东西,而他们从超文本阅读中获得的东西远远不如失去的东西重要。

我认为,学生以及所有读者普遍都需要持续地进行分析阐释性的阅读,如果他们还没有一定的这种阅读水平,就要学习这种阅读方法。正如基尔斯滕·格林(Kiersten Greene)所指出的,"数字洞察力"(182)是一种值得称赞的目标——我们要学习批判性地阅读数字文本。格林还制定了一套策略来帮助她的学生(主要是准备从事教育工作的研究生)成为数字化的批评性读者。这些策略中有她设计的一个模板,用来帮助大家批判性地阅读网站,提供数字化文本注解的各种技巧。她的文章《文本的考量因素》["Text(ured) Considerations"]列出了相关的细节。然而,即便如此,我仍然担心过度沉迷数字阅读可能会逐渐损坏批判性阅读,而我们理解、评估那些应用数字技术通过各种形式的社交媒体传播的信息和推进的论证,都需要这种批判性阅读。数字化鉴赏力可能会被读者——尤其是学生读者——沉浸其中的数字媒介的性质所削弱。

我的纽约大学同事安东·博斯特(Anton Borst)在《共同的视野:批判性阅读和数字原住民》("A Shared Horizon: Critical Reading and Digital Natives")中讲述了许多教师担心未来学生如何学习,他们的第一个信息来源是谷歌而不是图书馆,他们获取信息的主要途径是智能手机(49)。他欣然接纳海尔斯和沃尔夫的希望,认为我们可以帮助学生学会将批判性阅读技能——无论是哪种批判性阅读技能——运用到最新的技术上。博斯特演示了如何教学生对网络资源信息做出批判性的判断,如何评估他们通过数字媒体获取的信息。他首先让他们反思他们如何使用数字媒体以及这些媒体如何塑造他们的学习。博斯特帮助他的学生寻找一种"自我反思的学习方法",这对于他们取得至少一点点对于各种数字平台、产品和程序——他们使用这些平台、产品和程序来获取信息并理解这些信息——的控制权,是非常重要的第一步。

圣凯瑟琳大学的艾米·哈姆林(Amy Hamlin)在《走向知识的解放:艺术、艺术史与维基百科中的批判性思维》("Approaching

Intellectual Emancipation: Critical Reading in Art, Art History, and Wikipedia"）中提供了一种有趣的方法，可以帮助学生发展批判性阅读和研究技能。哈姆林让她的学生参加维基百科编辑马拉松大赛，这是她的女性艺术课中的最后一项活动。她的学生们研究了一位受关注度低的女艺术家，并为她在维基百科创建了一项新条目。她要求学生们批判性地阅读维基百科，以了解它对于艺术领域里有关性别的内容如何表现，并对自己选择的艺术家进行算术评估，以对抗维基百科等网络环境中普遍存在的性别歧视。为了有效地完成这项工作，学生们在老师的指导下，针对关于女性艺术家的维基百科文章进行了一系列的批判性阅读练习。对该网站的批判性阅读练习，为他们后续更深度的研究奠定了基础，也为他们有机会突出女性艺术家的成就并确立其文化意义和影响奠定了基础。哈姆林的维基百科马拉松项目为批判性的文本阅读提供了一个范例。在他们的这次练习中，学生们思考了信息和媒介，通过这样的思考，他们认识到，维基百科在实现它所阐明的目标——通过开放、集体的设计和开发让所有人都能免费获得所有知识这一点上具有局限性。

小　结

在《阅读与读者》（*Reading and the Reader*）一书中，菲利普·戴维斯（Philip Davis）对文学如何深化和扩展思想以产出"比作家所知更多的内容"(4)予以关注。他的这本书是关于认识论的,即文学了解什么、文学如何了解这些内容以及文学如何帮助读者发现"一些思想,如果不是阅读,这些思想可能无法通过个人方式获取,或者会被忽略,或者会被低估"(ix)。在他对文学知识的探索中,戴维斯为读者心灵的成长提供了指南。

斯文·伯克茨则哀叹,在过去的二十五年里读者(尤其是学生读者)的精力、注意力和专注力呈指数级地下降。他在第二版《古腾堡哀歌》(Gutenberg Elegies)的序言中,描述了"阅读本质的深刻转变……从集中、有序、以文本为中心变成了肤浅片面的文本阅读"(xiv)。我可能会补充一点,文本阅读已经变得越来越支离破碎,这粉碎了读者的专注度,分散了他们的注意力。如今,注意力分散的读者对各个教育阶段的教师提出了越来越大的挑战。

在本书中,我一直尝试着提供给你们的是,如何有效处理文本的方法,尤其是阅读文学作品,无论是数字化的还是印刷的。整本书从头到尾,针对如何加深文本理解和增加文本阅读的乐趣,我提供了很多建议。我认同丽贝卡·索尔尼特的想法,她提醒我们,阅读那些值得我们花精力的作品需要我们"缓慢又审慎"并且高度集中注意力,这样我们才能"探索语言可以做些什么给我们带来快乐",同时"提高我们的感知力以及深化我们的意识"(Introduction xxvii)。

我真诚地希望,我所探索的研读文本的方法以及我所描述的勤勉认真、反思性的阅读方法,能够对本书的读者以及帮助他人学习如何更有效地阅读（既包括印刷阅读也包括电子化阅读）的人有所帮助。我们的思考质量以及学习的深度和广度处于危险之中。我也认为，我们的生活质量也会受到很大的影响。高质量阅读也许是一种奢侈，但它能极大地丰富我们的生活。

附录 B　读什么与为何读

读完一本新书以后，千万不要直接再读一本新书，而是重读一本已经读过的书。

——C. S. 刘易斯

阅读的内容

我们应该读什么样的文学作品？为什么要读这些文学作品？当然，这些问题比较宏大，一旦有人声称某种作品值得阅读，立即就会出现不同的声音，只有在这种情况下，这样的问题才有答案。尽管如此，我在此还是要冒险进入那片可能引起争议的领域。

亨利·大卫·梭罗在他的代表作《瓦尔登湖》中提出，我们应该先读最好的书，要不然我们可能根本没有时间去把所有的书读完。但是，梭罗等人推荐的所谓最好、最伟大的文学作品是哪些作品呢？我们应该阅读哪些作者投入毕生精力创作的文学作品，而且如梭罗所说"像作者创作作品时那样审慎且节制"（403）地阅读呢？

首先，阅读《圣经》中的《创世记》（Genesis）。50章的全部内容，包括创世的故事（实际上它是由两个创世故事拼接在一起的）、大洪水和挪亚方舟的故事、该隐（Cain）和亚伯（Abel）、雅各（Jacob）和以扫（Esau），以及描写同胞争宠、创造力和道德的短篇故事，约瑟夫和他的兄弟们的故事是这本书的结尾。《创世记》的故事中有一些《圣经》中最有魅力的女性角色，首先是夏娃，其他还有莎拉（Sarah）、雷切尔（Rachel）、他玛（Tamar）和丽贝卡（Rebecca）。在希伯来和基督教的《圣经》中，还有更多伟大的文学作品，比如《约伯记》（Job）和《传道书》（Ecclesiastes）、《诗篇》（Psalms）和《箴言》（Proverbs）、《路得记》（Ruth）和《以斯帖记》（Esther）、《撒母耳记》（Samuel）和《列王纪》（Kings）、福音书（Gospel）和《启示录》（Revelation）。

然后是荷马所著的睿智、有着极大影响力的史诗《伊利亚特》和《奥德赛》。《伊利亚特》讲述了特洛伊战争的故事，希腊人与特洛伊人在他们的丰城特洛伊作战。这部史诗的重点是战争的暴力性和战士阿喀琉斯的愤怒，他是有史以来最伟大的战士，一个纯粹的杀人机器。在这部史诗最后的部分，荷马展现了阿喀琉斯不同的一面——仁慈且富有同情心的一面。这种人性，在任何文学作品最精彩、最感人的一些场景中都有所体现。

《奥德赛》也是这样。这部史诗表现了奥德修斯（Odysseus）——也称作尤利西斯，他的拉丁文名字——的故事。你可能还记得《奥德赛》中那些传奇般的冒险情节，其中最著名的可能是奥德修斯遭遇了独眼的库克罗普斯（Cyclops）。不过，这些伟大的冒险情节并不能涵盖整个故事，甚至不能涵盖其中最重要的一些部分，这些重要的部分就包括奥德修斯的儿子忒勒马科斯（Telemachus）和他的妻子珀涅罗珀（Penelope）的故事情节。珀涅罗珀是所有文学作品中最伟大的女英雄之一，也是与英雄奥德修斯拥有平等地位的配偶。《奥德赛》的最后一部分讲述了奥德修斯回家与儿子的团聚、他们对请愿者的屠杀以及主人公与珀涅罗珀的团聚，这些内容都非常有名。

我们也不应该忽视伟大的罗马史诗——维吉尔的《埃涅阿斯纪》，它在许多方面都与《伊利亚特》和《奥德赛》相呼应。在《埃涅阿斯纪》第二册中，你会读到一些在荷马史诗中找不到的内容，比如著名的特洛伊木马故事中，希腊人如何欺骗特洛伊人让一匹装满希腊战士的巨大木马进入特洛伊紧锁的大门，以及后续的结果。在《埃涅阿斯纪》第四册中，你会读到狄多（Dido）和埃涅阿斯（Aeneas）的故事，这是世界上最令人难忘的悲剧爱情故事之一。

中世纪意大利诗人但丁·阿利吉耶里（Dante Alighieri）深受维吉尔的影响，他的《神曲》是文学想象的最高成就之一，他将这部作品分为三个部分。

- 《地狱》(*Inferno*)
- 《炼狱》(*Purgatorio*)
- 《天堂》(*Paradiso*)

中世纪神学中，人死后，灵魂可能会被送到这三个地方。地狱最显著的特点之一是象征着惩罚的法则，其中，惩罚与罪恶相称。对于杀人犯的惩罚是将其沉浸在沸腾的血液之河中，沉浸的深度与他们在人世时所犯的罪的血腥暴力程度相对应。对于贪食者的惩罚是让其躺在腐烂污秽的垃圾堆里。情欲和愤怒在地狱的上部受到惩罚，这里的惩罚相对来说不那么痛苦。暴力和欺骗在地狱的深处受到惩罚。

因为欺诈和背叛对但丁来说是最大的罪过，它们要在地狱的最底层受到惩罚。但丁精心制定了惩罚体系，他把背叛者分为几类：背叛亲属者、背叛国家者、背叛客人者、背叛主人者以及背叛雇主者。对但丁来说，背叛是所有罪恶中最糟糕的，他用以下这些例子来说明这一点：布鲁图斯和卡西乌斯(Cassius)背叛了他们的君主——恺撒大帝；加略人犹大(Judas Iscariot)出卖了耶稣；撒旦背叛了上帝。

黛安娜·黑尔斯(Dianne Hales)在《美丽的语言》(*La Bella Lingua*)中对地狱进行了生动的描述，她提到但丁这位朝圣讲述者"遇到了三十个怪物，坐了两次令人毛骨悚然的船，晕倒了两次，又目睹了该死的人被鞭打、撕咬、钉十字架、被灼烧、被屠宰、被令人厌恶的疾病扭曲,被变成了灌木和蛇,活埋在燃烧的坟墓里,刺穿在岩石地里,冻在冰里,浸在泥土、粪便、沸腾的血液或沥青里"(64)。

其他中世纪叙事诗和史诗也值得阅读。最伟大的盎格鲁-撒克逊史诗是《贝奥武夫》(*Beowulf*)。尽管这部作品是在8世纪初创作的,但是现在仅存的手稿可以追溯到10世纪。《贝奥武夫》在很大程度上是一个日耳曼故事。它以丹麦为背景,其故事情节体现了勇士社会的价值观。贝奥武夫国王被称为"颁赏指环的人"和"财富分配者"。他的职责是照顾忠诚的领主或贵族。颁赏的行为有精神层面的意义;由于国王的慷慨,随从与国王之间很团结,他们之间产生了兄弟情谊。国王与随从之间的关系被称为"**战友团**"(*comitatus*),但与此同时随从们也随时面临着为国王献身的危险。

《贝奥武夫》中也有一些基督教视角,尽管这些视角来自叙述者而不是由人物角色提供的。贝奥武夫的葬礼完全是异教徒的,他不朽的英雄事迹亦是如此。与《贝奥武夫》形成对照的是抒情短诗《卡德蒙的赞美诗》("Caedmon's Hymn"),它是现存最古老的英文诗,大约写于675年,在明确的基督教语境下使用了盎格鲁-撒克逊英雄诗句的语言。上帝就像一个英勇的国王,被称为其王国的卫士。

《罗兰之歌》(*The Song of Roland*)是中世纪法国最著名的文学作品之一。这是一首11世纪中期的英雄史诗。它是一首长诗,共有四千多行。《罗兰之歌》是根据778年的一个历史事件改编的,它讲述了查理大帝的基督教军队与穆斯林萨拉森人作战的故事。这首诗以语言清晰优雅、叙述简洁和细节精确而闻名。封建的荣誉准则是衡量这部作品中人物行为的基础和标准。

阅读清单上最后一部西方史诗应该是《失乐园》（*Paradise Lost*），这部史诗由17世纪英国作家约翰·弥尔顿（John Milton）创作。这部史诗的前两卷极为重要，它们描述了撒旦和他的爪牙（被投入地狱的人）在地狱里举行了会议，商讨如何报复上帝。你也可以读读第4卷和第9卷，这两卷详细描述了亚当和夏娃在伊甸园的故事，他们受到诱惑而堕落，最后失去了天堂。第12卷史诗的结尾展现了亚当和夏娃手牵着手离开了伊甸园，面对等待他们的挑战。阅读弥尔顿的史诗，要去品味它雄伟壮阔的语言、博大精深的学问以及成功的尝试，正如弥尔顿所说："以证明上帝对人的方式是正确的。"

我们也不应忘记或忽略所有保存下来的文学作品中年代最早、最古老的一部《吉尔伽美什史诗》（*Epic of Gilgamesh*）。这部著名的世界文学作品存在于许多古代语言和文字中，包括古代苏美尔人和巴比伦人的语言和文字。《吉尔伽美什史诗》探讨了友谊、死亡、对不朽的追求以及人与神之间的关系等主题。它是探索这些永恒问题最古老的文学形式。

值得阅读的亚洲传统史诗有印度的《摩诃婆罗多》（*Maha-bharata*）和《罗摩衍那》（*Ramayana*）。这两部极为重要的作品可以分别与荷马的《伊利亚特》和《奥德赛》相比较。《摩诃婆罗多》是在公元前400年到公元400年之间的一段时间里写成的，跨越了800年的时间。它按时间顺序记述了两个敌对家庭的故事，重点描述了他们之间的战斗和勇士文化，有点像荷马的《伊利亚特》记述特洛伊战争的方式。不过，《摩诃婆罗多》比《伊利亚特》更具哲学意义，因为它包含了印度精神教诲的重要来源《薄伽梵歌》（*Bhagavad Gita*）。《薄伽梵歌》探讨了阿朱那（Arjuna）经历的道德冲突，阿朱那是一个战士，他的内心与要杀死亲人的职责做激烈的斗争。当阿朱那看到他的亲人们准备互相残杀时，他放下了武器，拒绝战斗。他的车夫克里希那（Krishna）是毗湿奴神（the god Vishnu）的化身，克里希那告诉阿朱那，战斗是他的职责。阿朱那认识到执行行动的精神才是最重要的，因为他作为刹帝利（Kshatriyas）的一员，要去战斗履行自己的职责，他的行为是无可指责的。

最古老的印度教史诗《罗摩衍那》（罗摩的历险经历）是蚁垤（Valmiki）在公元前6世纪创作的。它的叙事起源于一个世纪前的印度民间传统。与荷马的做法很像，这一史诗把故事的各个环节聚合形成了一个连贯的文学作品。与《奥德赛》一样，《罗摩衍那》关注的是婚姻关系，在这部作品中，具体指的是罗摩王子和他忠实的妻子悉多（Sita）之间的关系。此外，就像荷马的《奥德赛》一样，印度史诗使用神话、传说和道德故事来传达社会、道德和伦理价值观。史诗的主人公罗摩王子是理想的儿子、兄弟、丈夫、战士和国王。悉多绝对忠诚地爱着自己的丈夫，尊敬他、服务他，就像奥德修斯的妻子珀涅罗珀一样。丈夫和妻子以真理而不是私利来支配他们的生活，因此他们是印度教教徒生活的典范。

最重要的非洲史诗有《松迪亚塔》(*The Epic of Son-Jara*)、《松迪亚塔：马里帝国史诗》(*Sundiata: An Epic of Old Mali*)。这些古老的叙事记录了文化英雄的功绩，这些英雄模糊了人、神、动物、祖先和精神的界限。正如希腊、罗马、印度和苏美尔的史诗文学一样，非洲史诗传递着极其重要的文化价值。《松迪亚塔》以马里帝国缔造者的名字命名，讲述了这位英雄在公元1230年克里纳战役中掌权得势并最终击败敌人苏毛洛（Soumaora）的故事。这部史诗直到20世纪才被创作出来，最初是用法语写的，后来被翻译成英语。

《波波尔·乌》(*Popol Vuh*)是玛雅神话和文学的伟大作品，这是一部描述世界创造过程的叙事史诗。这部作品大约在1500年用基切语写成，但有人认为在玛雅古典时期就已经有手稿了。《波波尔·乌》概述了玛雅人对人类以及世界起源的传统观点。根据这个故事，众神希望创造出会称赞他们的智慧生物。他们做了三次失败的尝试，分别使用泥土、木头和动物作为材料，然后他们决定使用水和玉米——中美洲文化中极为重要的物质。正如古希腊的荷马史诗和古印度的《摩诃婆罗多》一样，《波波尔·乌》是中美洲最重要的文化理想和价值观的宝库。

史诗很可能不在你每天的阅读清单里。在你读的各种各样的书里面，有一些故事易读、有趣也很容易理解，而且读起来有简单的乐趣。我们对这种文学作品要求不高，也不应该以高标准要求它们；但是，我们也不应该指望这些书能给我们带来比严肃文学（包括史诗）更大的回报。

因此，我们可能要均衡地阅读，包括没那么严肃的文学作品、通俗小说，也许还有你可能会在飞机或沙滩上读的那种书。但是，我们也可以体验阅读更深入、更具探索性、要求更高的书籍来获得乐趣。除了前面提到的那些作品，还有许多精彩绝伦的小说，我们可以从创作于18世纪的小说读起（一些人认为小说形式的兴起是在这个时候），那个时期以来有很多杰出的小说作品。

在这第二类文学作品中，有许多（但不是全部）作品被认为是"经典著作"，这些文学作品经得起时间的长期考验，有着数年、几十年和几个世纪的长久影响，因为经过这么多年，它们仍然有更多有趣和重要的内容要告诉我们。早期的小说，我们可以读笛福（Defoe）的《鲁滨逊漂流记》(*Robinson Crusoe*)、《摩尔·弗兰德斯》(*Moll Flanders*)和《鼠疫年纪事》(*Journal of the Plague Year*)，菲尔丁（Fielding）的《汤姆·琼斯》(*Tom Jones*)和《约瑟夫·安德鲁斯》(*Joseph Andrews*)；在19世纪的作品中，我们可以读奥斯汀（Austen）的《爱玛》(*Emma*)和《傲慢与偏见》，乔治·艾略特的《米德尔马契》，狄更斯（Dickens）的《远大前程》(*Great Expectations*)和《荒凉山庄》，勃朗特（Brontë）的《简·爱》；19世纪大洋彼岸的作品有已经提到的梅尔维尔的《白鲸》和詹姆斯的《一位女士的画像》、霍桑的《红字》(*The Scarlet Letter*)、马克·吐温的《哈克贝利·费恩历险记》；还有，不要忘记伟大的俄罗斯小说，包括托尔斯泰的《安娜·卡列尼娜》和《战争与和平》，以及陀思妥耶夫斯基的《罪与罚》和《卡拉马佐夫兄弟》。

这份清单应该还包括伟大的法国小说，比如福楼拜的《包法利夫人》(*Madame Bovary*)、巴尔扎克的《高老头》(*Père Goriot*)；德语和西班牙语的虚构类作品，包括歌德(Goethe)的《少年维特的烦恼》(*Sorrows of Young Werther*)和塞万提斯(Cervantes)的《堂吉诃德》(*Don Quixote*)。还应该包括在内的有约瑟夫·康拉德(Joseph Conrad)的《黑暗之心》(*Heart of Darkness*)和《吉姆爷》(*Lord Jim*)，以及南美洲作家的精彩作品，如马查多·德·阿西斯(Machado de Assis)的《布拉斯·库巴斯的死后回忆》(*Posthumous Memoirs of Brás Cubas*)，博尔赫斯(Borges)的《虚构集》(*Ficciones*)和科塔萨尔(Cortázar)的《跳房子》(*Hopscotch*)分别呈现了另一种世界；伊莎贝尔·阿连德(Isabel Allende)和加夫列尔·加西亚·马尔克斯(Gabriel García Márquez)的小说——《幽灵之家》和《百年孤独》，这些作品带我们来到了20世纪。

让我们再回过头来仔细品读一下《堂吉诃德》，一些人认为这部作品是世界第一部小说，然后再品读一下《源氏物语》(*The Tale of Genji*)，这部中世纪长篇史诗般的日本叙事小说有时也获此殊荣。

《堂吉诃德》是西方世界最具影响力的书籍之一。它的同名英雄的名字演变成我们的英语单词"quixotic"，意思是冲动和不切实际的骑士风度——"有着悲哀面容的骑士",即堂吉诃德本人。这部最伟大的流浪汉小说(或公路小说)创作于1603年至1615年。这部作品的核心人物堂吉诃德·拉曼查(Don Quixote de la Mancha),最想成为一个"游侠骑士"——那种他在书本里看到的英雄。这位游侠骑士周游世界,拯救处于危险之中的女士,在一次战斗中能打败数条龙。但事实上,堂吉诃德既高贵又滑稽。他的想象和真实是两种截然不同的事情。他想象自己的马是一匹高贵的骏马,但实际上这匹马瘦得皮包骨。他的同伴桑丘·潘沙(Sancho Panza),他称之为他的护卫,实际上是个乡下孩子。他的夫人杜尔西内亚(Dulcinea)是一个矜持的女人,对他的爱和奉献毫无察觉。他在想象中用长矛与之搏斗的巨人实际上不过是风车。

人们有时认为另外一部更早期的作品是第一部小说,它是由紫式部(Murasaki Shikibu)(973?—1014?)[1]创作的。紫式部是日本贵族的一员,她的《源氏物语》是一部关于宫廷生活的庞大叙事,跨越了许多时代。书中主要描写了源氏王子,还描写了其他很多人物,其中包括源氏的许多妻妾。这部作品以细腻的心理和丰富的人物描写而备受推崇。它大量揭示了日本平安时代(794—1192)的宫廷生活。

再回到20世纪的作品,我们发现世界各地作家创造了许多精

1　紫式部的生卒年月无法详考。国内一般认为紫式部的生卒年为约978—约1016。——编者注

彩作品，它们为我们带来了最深刻的文学和思考乐趣，虚构作品有：托马斯·曼（Thomas Mann）的《魂断威尼斯》（*Death in Venice*）和《魔山》（*The Magic Mountain*）；弗兰兹·卡夫卡（Franz Kafka）的《变形记》（*The Metamorphosis*）、《审判》（*The Trial*）和《城堡》（*The Castle*）；马塞尔·普鲁斯特的《追忆似水年华》；詹姆斯·乔伊斯的《都柏林人》、《青年艺术家的画像》（*A Portrait of the Artist as a Young Man*）、《尤利西斯》；弗吉尼亚·伍尔夫的《达洛维夫人》和《到灯塔去》；欧内斯特·海明威的小说《太阳照常升起》（*The Sun Also Rises*）和《永别了，武器》；威廉·福克纳（William Faulkner）的《喧哗与骚动》和《我弥留之际》（*As I Lay Dying*）；F. 斯科特·菲茨杰拉德（F. Scott Fitzgerald）的《了不起的盖茨比》；不容错过的是奥尔德斯·赫胥黎（Aldous Huxley）的《美丽新世界》（*Brave New World*）和《重返美丽新世界》（*Brave New World Revisited*）；乔治·奥威尔（George Orwell）的《动物农场》和《1984》；E. M. 福斯特（E. M. Forster）的《霍华德庄园》（*Howard's End*）和《印度之行》（*A Passage to India*）；D. H. 劳伦斯的《恋爱中的女人》（*Women in Love*）与短篇小说集；尤多拉·韦尔蒂（Eudora Welty）、凯瑟琳·安·波特（Katherine Anne Porter）和弗兰纳里·奥康纳的短篇小说；詹姆斯·鲍德温的长短篇小说、拉尔夫·艾里森（Ralph Ellison）的《看不见的人》和托妮·莫里森（Toni Morrison）的《宠儿》和《所罗门之歌》（*Song of Solomon*）；索尔·贝娄（Saul Bellow）的《赫索格》（*Herzog*）和《奥吉·马奇历险记》（*The Adventures of*

Augie March）；伯纳德·马拉默德（Bernard Malamud）的《天赋》（*The Natural*）和《装配工》（*The Fixer*）；菲利普·罗斯（Philip Roth）的《再见，哥伦布》（*Goodbye Columbus*）、《美国牧歌》（*American Pastoral*）、《人性的污秽》（*The Human Stain*）；21世纪初的虚构类作品，包括诺贝尔奖获得者 J. M. 库切（J. M. Coetzee）的《耻》（*Disgrace*）、《迈克尔·K的生活和时代》（*The Life and Times of Michael K*）、《等待野蛮人》（*Waiting for the Barbarians*）；两次布克奖得主希拉里·曼特尔的《狼厅》《提堂》（*Bring Up the Bodies*）、《镜与光》（*The Mirror and the Light*）。这张优秀的作品清单也应该包括加拿大小说家的作品，比如玛格丽特·阿特伍德（Margaret Atwood）的《使女的故事》与《遗嘱》（*The Testament*）；莫德凯·里奇勒（Mordecai Richler）的《巴尼的人生》（*Barney's Version*）；卡罗尔·希尔兹（Carol Shields）的《斯通家史札记》（*The Stone Diaries*）；以及诺贝尔短篇小说奖的获奖者作家艾丽丝·门罗（Alice Munro）的《亲爱的生活》（*Dear Life*）与《逃离》（*Carried Away*）。

还有许多作家的作品值得阅读，如当代小说作家奇玛曼达·恩戈兹·阿迪契（Chimamanda Ngozi Adichie）、阿拉文德·阿迪加（Aravind Adiga）、朱利安·巴恩斯（Julian Barnes）、彼得·凯里（Peter Carey）、塔那西斯·科茨、胡诺特·迪亚斯（Junot Diaz）、路易丝·厄德里奇（Louise Erdrich）、埃莱娜·费兰特（Elena Ferrante）、玛丽·盖茨基尔（Mary Gaitskill）、石黑一雄（Kazuo Ishiguro）、卡尔·奥韦·诺斯加德（Karl Ove Knausgaard）、科马克·麦卡锡

（Cormac McCarthy）、伊恩·麦克尤恩（Ian McEwan）、村上春树（Haraki Murakami）、理查德·鲍尔斯（Richard Powers）、玛丽莲·罗宾逊、阿兰达蒂·洛伊、扎迪·史密斯、科尔姆·托宾。

还有剧作家的作品，领衔的是古希腊人索福克勒斯、欧里庇得斯（Euripides）、埃斯库罗斯（Aeschylus）、阿里斯托芬（Aristophanes）的戏剧；随后是罗马人，尤其是普劳图斯（Plautus）和特伦斯（Terence）；接着是莎士比亚的37部戏剧，包括喜剧、悲剧、历史、浪漫类型的作品；悲剧，比如法国剧作家拉辛（Racine）的《费德尔》（*Phèdre*）。喜剧，他的同胞莫里哀（Molière）的《伪君子》（*Tartuffe*）；英国戏剧作品，理查德·布林斯利·谢立丹的《情敌》（*The Rivals*）、奥斯卡·王尔德（Oscar Wilde）的《真诚的重要性》（*The Importance of Being Ernest*）和萧伯纳（G. B. Shaw）的《武器与人》（*Arms and the Man*）、《凡人与超人》（*Man and Superman*）、《巴巴拉少校》（*Major Barbara*）；挪威剧作家易卜生（Henrik Ibsen）的《玩偶之家》（*A Doll's House*）、《海达·高布乐》（*Hedda Gabler*）、《建筑大师》（*The Master Builder*）和瑞典剧作家奥古斯特·斯特林堡（August Strindberg）的《父亲》（*The Father*）、《朱丽小姐》（*Miss Julie*）、《死之舞》（*The Dance of Death*）；德国的海因里希·冯·克莱斯特（Heinrich von Kleist）的《彭忒西勒亚》（*Penthesilia*）和《破瓮记》（*The Broken Pitcher*）；意大利西西里岛的路易吉·皮兰德娄（Luigi Pirandello）的《是这样，如果你们以为如此》（*Right You Are, If You Think You Are*）、《六个寻找剧作家的角色》（*Six*

Characters in Search of an Author)、《亨利四世》(Henry IV)；德国马
克思主义作家贝托尔特·布莱希特(Bertolt Brecht)的《四川好人》
(The Good Woman of Szechuan)、《高加索灰阑记》(The Caucasian
Chalk Circle)、《大胆妈妈和她的孩子们》(Mother Courage and Her
Children)；罗马尼亚现代主义者尤奈斯库(Ionesco)的《犀牛》
(Rhinoceros)、《上课》(The Lesson)、《椅子》(The Chairs)和爱尔兰
作家塞缪尔·贝克特的著名戏剧《终局》(Endgame)和《等待戈多》
(Waiting for Godot)，兼有悲剧和喜剧成分，拒绝为深奥的问题提
供简单的答案；一直到俄罗斯剧作家安东·契诃夫，他的戏剧持续
地吸引着全世界的观众，尤其是他最后的几部戏剧《万尼亚舅舅》
(Uncle Vanya)、《三姐妹》(Three Sisters)和《樱桃园》(The Cherry
Orchard)。

　　20世纪的戏剧既有延续传统的作品也有背离传统的作品，为
我们留下了大量值得阅读的剧作作品。下面简短列出在美国、
英国和欧洲大陆写作的一小部分许多杰出剧作家。按姓氏英文
字母顺序排列：爱德华·阿尔比(Edward Albee)、阿米里·巴拉卡
(Amiri Baraka)、罗伯特·鲍特(Robert Bolt)、卡里尔·丘吉尔(Caryl
Churchill)、诺埃尔·科沃德(Noel Coward)、克里斯托弗·杜朗格
(Christopher Durang)、T. S. 艾略特、达里奥·福(Dario Fo)、迈克
尔·弗雷恩(Michael Frayn)、洛兰·汉斯贝里、戴维·黑尔(David
Hare)、托尼·库什纳(Tony Kushner)、费德里科·加西亚·洛尔卡
(Federico García Lorca)、特伦斯·麦克纳利(Terrence McNally)、阿

瑟·米勒（Arthur Miller）、肖恩·奥凯西（Sean O'Casey）、尤金·奥尼尔（Eugene O'Neill）、约翰·奥斯本（John Osborne）、哈罗德·品特（Harold Pinter）、特伦斯·拉蒂根（Terence Rattigan）、让-保罗·萨特（Jean-Paul Sartre）、彼得·谢弗（Peter Shaffer）、山姆·谢泼德（Sam Shepard）、尼尔·西蒙（Neil Simon）、斯蒂芬·桑德海姆（Stephen Sondheim）、汤姆·斯托帕德（Tom Stoppard）、约翰·米林顿·辛格（John Millington Synge）、温迪·沃瑟斯坦（Wendy Wasserstein）、桑顿·怀尔德（Thornton Wilder）、田纳西·威廉斯（Tennessee Williams）和奥古斯特·威尔逊（August Wilson），还有其他数不胜数的著名剧作家。

我们也不能忽视全世界的诗人用各种语言书写的大量叙事诗和抒情诗。杰弗里·乔叟（Geoffrey Chaucer）是英国最早的重要诗人之一，他的《坎特伯雷故事集》（*Canterbury Tales*）六百多年来一直为读者所喜爱。英国诗人乔叟是一位受过良好教育的14世纪知识分子，熟悉拉丁文学、历史和哲学。不过，对乔叟写作影响最深的不是拉丁语而是意大利语。《坎特伯雷故事集》中的一些故事及其基本叙事结构源自乔万尼·薄伽丘（Giovanni Boccaccio）的《十日谈》（*Decameron*）（这是另外一部令人印象深刻、引人入胜的中世纪虚构作品），以托斯卡纳方言写就（就像但丁的《神曲》）。《十日谈》是一本短篇故事集，故事由十个佛罗伦萨人、七个女人和三个男人讲述。他们逃离了瘟疫肆虐的佛罗伦萨，讲故事以消磨时光。他们的故事以普通人的生活和命运为中心，充满了智慧和世故的冷嘲热讽。

《坎特伯雷故事集》尚未完成，乔叟便去世了。该书里面的故事是由一群朝圣者讲述的，他们从伦敦出发前往坎特伯雷，去朝拜圣托马斯·贝克特（St. Thomas à Becket）的圣祠，贝克特就是在坎特伯雷的教堂祭坛被杀害的。这些故事描绘了中世纪各个阶层的人物。乔叟笔下的这些叙述者们通过他们自己讲述的故事暴露了自己的内心世界，而乔叟又通过一位全知叙述者的声音对这些朝圣者做了讽刺的描写。这个"天真的"叙述者无法区分人类动机与行为中的善恶两面，叙述者的这一缺陷让乔叟得以使用反语作为讽刺的工具，他的思考与观察也体现出他对生命的热爱——下到最卑微、最低贱的人，上至最优雅、最高尚的人。乔叟这种复杂的视野和微妙的叙述视角使他远远超出了中世纪典型的故事讲述模式。

下面讲到许多抒情诗人，你很可能是从偶然碰到的一首诗了解到他们的，而不是阅读了他们的作品全集或精选集。不过，这的确是了解诗人的一种方式，即选择他在某段较长时间内创作的作品，然后选取其中的一部分进行阅读，这样便可以逐渐熟悉诗人的风格和表达主题，以及诗人长久关注的事物和处理语言的方式。下面列出一些诗人的名字，你可以采用上述方式更好地理解他们的作品。按姓氏英文字母顺序排列：安娜·阿赫玛托娃（Anna Akhmatova）、马修·阿诺德（Matthew Arnold）、玛格丽特·阿特伍德、W. H. 奥登、依马穆·阿米利·巴拉卡（Imamu Amiri Baraka）、松尾芭蕉（Matsuo Bashō）、夏尔·波德莱尔（Charles Baudelaire）、温德尔·拜瑞（Wendell Berry）、伊丽莎白·毕晓普（Elizabeth Bishop）、威廉·布莱克（William Blake）、豪尔赫·路易斯·博尔赫斯（Jorge Luis Borges）、安妮·布雷兹特里特（Anne Bradstreet）、约瑟夫·布罗茨基（Joseph Brodsky）、艾米莉·勃朗特（Emily Brontë）、格温德琳·布鲁克斯（Gwendolyn Brooks）、伊丽莎白·巴雷特·布朗宁（Elizabeth Barrett Browning）、罗伯特·布朗宁（Robert Browning）、罗伯特·彭斯（Robert Burns）、拜伦勋爵（Lord Byron）、托马斯·坎皮恩（Thomas Campion）、刘易斯·卡罗尔（Lewis Carroll）、雷蒙德·卡佛（Raymond Carver）、C. V. 卡瓦菲（C. V. Cavafy）、保罗·策兰（Paul Celan）、露西尔·克利夫顿（Lucille Cliffton）、塞缪尔·泰勒·柯勒律治（Samuel Taylor Coleridge）、比利·科林斯（Billy Collins）、斯蒂芬·克兰（Stephen Crane）、康梯·卡伦（Countee Cullen）、爱德华·艾斯特林·卡明斯（E. E. Cummings）、艾米莉·狄金森、希尔达·杜利特尔（Hilda Doolittle）、约翰·多恩、马克·多蒂（Mark Doty）、丽塔·达夫（Rita Dove）、迈克尔·德雷顿（Michael Drayton）、约翰·德莱顿（John Dryden）、杜甫（Du Fu）、保罗·劳伦斯·邓巴（Paul Laurence Dunbar）、T. S. 艾略特、拉尔夫·沃尔多·爱默生、唐纳德·芬克尔（Donald Finkel）、罗伯特·菲茨杰拉德（Robert Fitzgerald）、罗伯特·弗朗西斯（Robert Francis）、罗伯特·弗罗斯特、艾伦·金斯堡（Allen Ginsberg）、尼基·乔瓦尼（Nikki Giovanni）、露易丝·格丽克（Louise Glück）、罗伯特·格雷

夫斯（Robert Graves）、托马斯·格雷（Thomas Gray）、唐纳德·霍尔（Donald Hall）、托马斯·哈代（Thomas Hardy）、迈克尔·哈珀（Michael Harper）、罗伯特·海登（Robert Hayden）、谢默斯·希尼（Seamus Heaney）、乔治·赫伯特（George Herbert）、罗伯特·赫里克（Robert Herrick）、迈克尔·霍根（Michael Hogan）、约翰·霍兰德（John Hollander）、杰拉德·曼利·霍普金斯（Gerard Manley Hopkins）、A. E. 豪斯曼（A. E. Housman）、亨利·霍华德（Henry Howard）、兰斯顿·休斯、泰德·休斯（Ted Hughes）、小林一茶（Kobayashi Issa）、本·琼森（Ben Jonson）、约翰·济慈、高尔韦·金内尔（Galway Kinnell）、肯尼思·科克（Kenneth Koch）、菲利普·拉金（Philip Larkin）、D. H. 劳伦斯、爱德华·利尔（Edward Lear）、贾科莫·莱奥帕尔迪（Giacomo Leopardi）、李白（Li Bai）、费德里科·加西亚·洛尔卡 、奥德烈·罗尔蒂（Audre Lorde）、理查德·洛夫莱斯（Richard Lovelace）、艾米·洛威尔（Amy Lowell）、罗伯特·洛威尔（Robert Lowell）、阿奇博尔德·麦克利什（Archibald MacLeish）、斯蒂芬娜·马拉美（Stéphane Mallarmé）、奥西普·曼德尔施塔姆（Osip Mandelstam）、克里斯托弗·马洛（Christopher Marlowe）、安德鲁·马维尔（Andrew Marvell）、约翰·梅斯菲尔德（John Masefield）、克劳德·麦凯（Claude McKay）、彼得·迈因克（Peter Meinke）、罗伯特·梅齐（Robert Mezey）、埃德娜·圣文森特·米莱（Edna St. Vincent Millay）、切斯瓦夫·米沃什（Czesław Miłosz）、约翰·弥尔顿、玛丽安·穆尔（Marianne Moore）、托马斯·纳什（Thomas Nashe）、巴勃

罗·聂鲁达（Pablo Neruda）、莎伦·奥尔兹（Sharon Olds）、玛丽·奥利弗（Mary Oliver）、奥维德（Ovid）、威尔弗雷德·欧文（Wilfred Owen）、鲍里斯·帕斯捷尔纳克（Boris Pasternak）、奥克塔维奥·帕斯（Octavio Paz）、弗朗切斯科·彼特拉克（Francesco Petrarca）、玛吉·皮尔希（Marge Piercy）、罗伯特·平斯基（Robert Pinsky）、西尔维娅·普拉斯（Sylvia Plath）、埃德加·爱伦·坡（Edgar Allan Poe）、亚历山大·蒲柏（Alexander Pope）、埃兹拉·庞德（Ezra Pound）、雅克·普雷维尔（Jacques Prévert）、沃尔特·雷利爵士（Sir Walter Raleigh）、约翰·克罗·兰色姆（John Crowe Ransom）、亨利·里德（Henry Reed）、阿拉斯泰尔·里德（Alastair Reid）、阿德里安娜·里奇（Adrienne Rich）、赖纳·马利亚·里尔克、阿蒂尔·兰波（Arthur Rimbaud）、埃德温·阿林顿·罗宾逊（Edwin Arlington Robinson）、西奥多·罗特克、克拉夫特·龙普夫（Kraft Rompf）、克里斯蒂娜·罗塞蒂（Christina Rossetti）、但丁·加百利·罗塞蒂（Dante Gabriel Rossetti）、鲁米（Rumi）、凯·瑞安（Kay Ryan）、卡尔·桑德堡（Carl Sandburg）、萨福（Sappho）、安妮·塞克斯顿（Anne Sexton）、威廉·莎士比亚（William Shakespeare）、珀西·比希·雪莱（Percy Bysshe Shelley）、菲利普·锡德尼爵士（Sir Philip Sidney）、约翰·斯凯尔顿（John Skelton）、加里·斯奈德（Gary Snyder）、罗伯特·索思韦尔（Robert Southwell）、埃德蒙·斯宾塞（Edmund Spenser）、威廉·斯塔福德（William Stafford）、华莱士·史蒂文斯、马克·斯特兰德（Mark Strand）、梅·斯温逊（May Swenson）、维斯瓦娃·辛波丝卡

（Wisława Szymborska）、詹姆斯·泰特（James Tate）、阿尔弗雷德·丁尼生（Alfred Lord Tennyson）、迪伦·托马斯（Dylan Thomas）、基迪奥克·蒂奇伯恩（Chidiock Tichborne）、基恩·图默（Jean Toomer）、约翰·厄普代克（John Updike）、保罗·瓦莱里（Paul Valéry）、塞萨尔·巴列霍（César Vallejo）、保罗·魏尔伦（Paul Verlaine）、罗伯特·华莱士（Robert Wallace）、王维（Wang Wei）、沃尔特·惠特曼、理查德·威尔伯（Richard Wilbur）、威廉·卡洛斯·威廉斯、威廉·华兹华斯、詹姆斯·赖特、托马斯·怀亚特（Thomas Wyat）、威廉·巴特勒·叶芝（William Butler Yeats）、叶夫根尼·叶夫图申科（Yevgeny Yevtushenko）。

　　这里提到的一些作者，他们的作品你很可能之前就已读过——可能在你具备真正的欣赏能力之前就已读过。如果幸运的话，你阅读这些作品恰好是在合适的年龄段，甚至更好的情况是，成年后你又进行了第二次或第三次的阅读。如果你还没有这样做的话，也许是时候行动了。梭罗也表示要"高质量地阅读，也就是说，以真正的精神去读真正的书，是一种高尚的行为，对读者要求也比较高。它需要你像运动员那样接受训练，一生几乎都要保有坚定的意志"（403）。梭罗的话指出了阅读的挑战和机遇，以及阅读我们所能找到的最优秀的文学作品所需要付出的努力和可以收获的乐趣。

文学经典

以上关于文学作品的探讨实质上为我们勾勒出了经典作品的范围,即哪些文学作品值得一读。文学经典,即受认可书籍的集合,该说法源于《圣经》正典这一概念,《圣经》正典指的是由官方认可的那些"神圣的宗教经典"。一部宗教正典包含了那些被认为可以代表某个群体的道德标准和宗教信仰的作品,比如犹太人或穆斯林,对于他们来说,《圣经》和《古兰经》(或《可兰经》)分别是经典的宗教文本。为了形成自己的正典,基督徒在《希伯来圣经》(Hebrew Bible)的基础上加入了其他一些著作,包括《四福音书》(four Gospels)、《使徒书》(the Epistles)和《启示录》。对于每一部受到认可纳入宗教正典的著作而言,其他著作都是未受认可的著作,是非正典的著作——诸如没有被纳入《希伯来圣经》的《马卡比书》(Maccabees)以及从基督教《新约》中删去的《多马福音》(Gospel of Thomas)。

同样地,本章所列举的作家及其作品构成了一部正典,同时,其他很多文学作品不在此列。当然,这个名单还可以扩展,收录更多同样值得阅读、对读者有极大价值的作家和作品。然而,即使这样做了,严肃的读者可能会把其中一些书排除在这样的一份经典作品的名单之外。例如,许多奇幻和科幻作品可能就不包括在内[尽管有一些例外,如J. R. R. 托尔金(J. R. R. Tolkien)的《指环王》(*The Lord of the Rings*)三部曲、C. S. 刘易斯(C. S. Lewis)的《纳尼亚编年史》(*The Chronicles of Narnia*)和菲利普·普尔曼(Philip Pullman)的《黑暗物质》(*His Dark Materials*)三部曲]。那么,哈利·波特系列可以放进来吗?苏珊·科林斯(Suzanne Collins)的反乌托邦系列作品《饥饿游戏》(*The Hunger Games*)、《燃烧的女孩》(*Catching Fire*),还有《嘲笑鸟》(*Mockingjay*)是否也可以?还有那些提倡对复杂的人类问题进行严肃批判和创造性思考的科幻作品——比如艾萨克·阿西莫夫(Isaac Asimov)的《我,机器人》(*I, Robot*)和《基地三部曲》(*The Foundation Trilog*)、雷·布雷德伯里(Ray Bradbury)的《火星纪事》(*Martian Chronicles*)和《华氏451度》(*Fahrenheit 451*)、阿瑟·克拉克(Arthur C. Clarke)的《童年的终结》(*Childhood's End*)和《2001:太空漫游》(*2001: A Space Odyssey*),厄休拉·勒古恩(Ursula K. Le Guin)的《一无所有》(*The Dispossessed*)和《黑暗的左手》(*The Left and of Darkness*),还有H. G. 威尔斯(H. G. Wells)的《时间机器》(*The Time Machine*)和《隐身人》(*The Invisible Man*)以及其他许多有价值的作品。

正如奇幻和科幻小说一样,侦探故事和小说、西部小说、浪漫小说、吸血鬼小说以及明显以宗教为基础的虚构作品也是如此。一方面,我们可以说,这些书不属于严肃文学的经典;然而,另一方面,我们可以说,这些体裁的书籍中也有某些例子——比如福尔摩斯的小说和故事,或者勒古恩、托尔金和刘易斯的作品——应该包括在清单中,因为他们出色的文学品质、他们表现出的创造性思

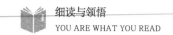

维品质,以及他们激发的批判性和创造性思维。

人们总是会争辩什么书最值得阅读,这很自然而且不可避免。那些我们在今天认为经典的书并不总是被认为值得收录在学校和大学课程中。美国文学作品多年来就是这样的情况,它们在很大程度上被认为不如英国文学作品。早些时候,英国文学作品也并没有被认为值得在大学研究中收录,大学的研究那时主要集中在拉丁语和希腊语的经典著作上,而把英国文学放在娱乐和"课外阅读"的位置上——这正是今天许多畅销书排行榜上流行类作品的位置。

那么,在我们应该读什么这个问题上——什么是值得读的以及为什么我们要去读——上述讨论给我们留下了什么呢?这给我们留下了一个答案,那就是在通俗作品和经典作品之间找到平衡,在容易阅读理解的作品和更具挑战性、要求更高的文学作品之间找到平衡。18世纪权威评论家塞缪尔·约翰逊(Samuel Johnson)认为,我们应该只去阅读我们感兴趣的东西,因为在阅读那些我们认为应该阅读而不是想要阅读的作品时,我们不会真正地关注作品或为之吸引。结果就会是,我们不享受它,也不会记住它。艾伦·雅各布斯(Alan Jacobs)在《消遣时代的阅读乐趣》(*The Pleasures of Reading in an Age of Distraction*)一书中赞同约翰逊的观点,他认为我们应该随心所欲地阅读,也就是说,只阅读我们感兴趣的、吸引我们好奇心的东西。雅各布斯与约翰逊的观点一致,他认为把阅读看作一件家务活会毁掉人们对阅读的真正兴趣和热爱。雅各布斯和其他一些作家建议，出于责任感而阅读——因为在某种程度上它们"对你有好处"——会适得其反。

不过，雅各布斯承认，有时我们不得不阅读一些自己不会选择阅读的文字——有时，我们必须要去阅读，不是为了获取阅读的乐趣，而是为了达到某个受到外部因素诱发的目的，比如完成学校或工作中的一项任务。他建议，在这种情况下，我们也要专注地阅读、做笔记，并且积极而负责任地阅读，并努力为这一阅读过程找到一个与文本建立联系的节点。他把这种阅读与我们为自己及自己的乐趣、利益和多种目的而进行的阅读区分开来。尽管如此，我们可能偶尔会发现，那些"必读"的阅读任务也会让我们接触到自己喜欢、可能还想继续读下去的书籍。

为什么要阅读文学

在《观念时代的阅读愉悦》(*The Pleasures of Reading in an Ideological Age*)一书中，罗伯特·阿尔特(Robert Alter)强调了我们每个人阅读书籍及其他文本时都有自己独特的方式。他指出，我们独特的阅读方式是其他人无法复制的(238)。不过，他也承认，在我们阅读的文本以及我们处理这些文本的常规方式之间还是有一致之处的，因此"我们可以跟对方讨论，甚至有时互相劝说"(238)。

在《七种阅读乐趣》(*Seven Pleasures*)一书中，威拉德·施皮格尔曼（Willard Spiegelman）将阅读的乐趣描述为"文字、声音和不完全想象的意义所带来的纯粹刺激"以及语言本身提供给读者的"基本的真实"（29）。他提倡贪婪地读书。但是，他也鼓励我们静下心来慢慢地品读，有意识地集中注意力。"读者是乌龟，"他说，"不是野兔。"（47）最后，他写道，阅读是"偶尔的干扰、威胁、焦虑的来源，也是引起疑问和警觉的原因"（54）。他引用小说家、散文家、《普通读者》（*The Common Reader*）的作者弗吉尼亚·伍尔夫的话提醒我们，阅读本身就是一种奖赏和乐趣。

在一篇题为《理想读者定义随笔》（"Notes toward a Definition of the Ideal Reader"）的散文中，阿尔贝托·曼古埃尔（Alberto Manguel）描述了理想读者会如何阅读。他怎么描述理想读者呢？他写道："理想的读者不会跟随一个故事的脚步，他们会参与其中……他们并不是重构一个新故事，而是再创造当下这个故事。"（151）曼古埃尔认为理想的读者是发明家，他会颠覆文本，不把作者的话视为理所当然（196）。因此，理想的读者对其阅读的文本行使自己的权力。理想的读者不会被书籍和作者吓倒，相反，他们为自己树立权威，这种权威让他们阅读的文本成了他们自己的文本，甚至让每一本书都成为他们个人自传的一部分。

和曼古埃尔一样，另一位大师读者哈罗德·布鲁姆（Harold Bloom）也同意这一观点。布鲁姆在《如何读，为什么读》（*How to Read and Why*）一书中提出，读者个体必须保持"形成自我判断和自我观点的能力"，读者个体在本质上是"为自己阅读"（21）。布鲁姆进一步论说道，读者为什么而阅读必须由他们自己决定，也必须与他们自身的兴趣直接相关。

在爱德华·门德尔松（Edward Mendelson）所著的有关如何阅读小说的《事关紧要》（*The Things That Matter*）这本书中，他也支持这一观点。门德尔松赞同一种流行但有时不足信的观点，即我们阅读小说是为了与小说中的人物产生共鸣，并从他们身上学到对我们的生活来说重要的东西。他认为，小说提供了"读者可能选择或可能不会选择的生活的模型或例子"（12）。例如，我们从《呼啸山庄》和《达洛维夫人》中了解到了各种各样的爱情，从《米德尔马契》、《到灯塔去》和《一位女士的画像》等小说中了解到各种婚姻的状态——有的婚姻很好，有的很糟。

我们对自己阅读的文学作品负有责任。我们的主要责任在于，我们要给予它们和它们的作者应有的权利。我们需要去倾听那些书籍和作者，让他们表达自己的意思。无论我们是否同意作者的观点，无论一本书的观点是容易或难于理解，无论是谁写的、什么时候写的、为什么而写，都要如此。简言之，我们需要尊重我们阅读的文本的完整性，不要期望从一本书中得到它并不打算提供的东西。当我们读一本小说时，我们会希望有一个美满的结局，但小说的作者没有义务提供这个完美结局。批评这本书没有快乐的结局，就会违背阅读的道德。当我们读一本侦探小说、一部奇幻或科幻小说时，期望甚至要求它是现实的则是不公平的。它自身的体裁就要求它做一些不现实的事情。

　　耐心而谨慎地阅读优秀的书籍,品味优秀作品的语言和思想,能够增加我们的知识、加深我们的理解、培养我们的思想,同时也能满足我们的情感需求。优秀且有趣的作品有助于我们的精神健康。设定一个目标,每周阅读一本这样的优秀文学作品,每个月或许再涉猎一位抒情诗人的作品,这种方式可以丰富想象世界,加深思考,给你的生活增添一定程度的乐趣。但是,请谨遵前面引用的约翰逊和雅各布斯的建议——你应该阅读你感兴趣、感到渴望或好奇的东西。让这一条建议成为你的指导原则吧——至少从现在开始,前方有一些新的文学冒险正在等着你。

　　文学为我们提供了想象的实验室,在这些实验室中,伦理和非伦理的行为、道德和不道德的行为都要接受检验。在这些实验室中,有的人物角色学着认识自己,有的人物角色想尽办法避免自我认知。通过各种各样的方式,文学作品使我们与各种想象的可能性相遇,它们与我们生活的类似,向我们揭示了我们自己,加深了我们对浩瀚多样的人间喜剧的认识。

致　谢

　　我首先要感谢已故的罗伯特·斯科尔斯，2016年他的离世促使我重新审视了几年前我在采访他时所做的笔记，并重读了他的六本著作。由此，我写出了本书的第二章《阅读之于真理》，这一章是全书最早落笔的部分，并激发了其余章节的写作。然而，斯科尔斯给予我的，不仅仅是文学批评方面的影响，他还启发了我，让我努力成为像他那样的模范读者和文学老师。罗伯特·斯科尔斯将继续存在于我的思想和写作之中，他已经成为我作为读者、作家和老师的一部分。

　　在我所有最优秀的读者以及敏锐的作品评论家中，我的朋友史蒂夫·邓恩（Steve Dunn）对接近终稿的一部分手稿进行了一丝不苟的编辑。本书因他如此专注和谨慎的阅读而得以提升。

　　我的一些同事阅读了完整文稿或个别章节的各种草稿。感谢以下人士对修订提出的有益建议，这本书得以更好，要得益于他们给出的明智建议：阿德里安·巴洛、戴维·巴托洛梅（David Bartholomae）、安东·博斯特、琳达·科斯坦佐·卡希尔（Linda Costanzo Cahir）、威廉·V. 科斯坦佐（William V. Costanzo）、琼·德尔法托雷（Joan DelFattore）、帕特·C. 霍伊 Ⅱ（Pat C. Hoy Ⅱ）、西泽·罗德里格斯（Cesar Rodriguez）、拉里·斯坎伦（Larry Scanlon）、约翰·斯基尔布（John Schilb）和安妮·莉迪娅·沃德（Anne Lydia Ward）。

我要感谢我的编辑彼得·多尔蒂（Peter Dougherty），感谢他对我的信任以及对本书的兴趣。他为本书找到了得力的审稿人，并且，他还经常对本书的多个草稿提出更多自己的见解。本书的书名也是彼得提出的。

还要感谢彼得在普林斯顿大学出版社的同事们，他们为本书的出版提供了很多专业知识；感谢我的制作经理埃琳·苏伊丹（Erin Suydam）优雅且有技巧地引导本项目度过多个阶段；感谢我的审稿编辑劳伦·莱波（Lauren Lepow）帮我修改了许多我自己忽略的错误；感谢阿莱娜·切卡诺夫（Alena Chekanov）帮助本书获得各项许可；感谢鲍勃·贝滕多夫（Bob Bettendorf）和马特·埃弗里（Matt Avery）用他们各自专业领域的知识为本书的护封设计了醒目的广告文本和精美的版面；感谢帕梅拉·L. 施尼特尔（Pamela L. Schnitter）优雅的内页设计；感谢阿莉莎·桑福德（Alyssa Sanford）和凯瑟琳·史蒂文斯（Kathryn Stevens）指导本书引起潜在读者、评论者和课程采用者的注意。有这样一流的团队在幕后指导本书，我真是非常幸运。

最后，我衷心感谢如下出版商准许我们在本书中刊发相关文字材料。

- "This Is Just to Say" and "To a Poor Old Woman" by William Carlos Williams (*Collected Poems* Volume I 1909–1939, 2018) are reprinted here by kind permission of Carcanet Press Limited,Manchester, UK.

- James Wright, "A Blessing" from *Above the River: The Complete Poems and Selected Prose*, ©1990 by Anne Wright. Published by Wesleyan University Press and reprinted with permission.

- "Dream Deferred [Harlem 2]" from *The Collected Poems of Langston Hughes* by Langston Hughes, edited by Arnold Rampersad with David Roessel, associate editor, copyright©1994 by the Estate of Langston Hughes. Used by permission of Alfred A. Knopf, an imprint of the Knopf Doubleday Publishing Group, a division of Penguin Random House LLC. All rights reserved.

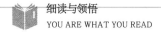

参考文献

Alter, Robert, *The Pleasures of Reading in an Ideological Age*. Norton, 1990.

Austen, Jane. *Pride and Prejudice*. Penguin, 2002.

Bacon, Francis. *The Essays*. Penguin, 1986.

Bakewell, Sarah. *How to Live*. Other Press, 2010.

Baldwin, James. *The Fire Next Time*. Vintage, 1992.

———. "Notes of a Native Son." *In Collected Essays*. Library of America, 1998.

Barlow, Adrian. "The Community of Literature." In *Critical Reading across the Curriculum*, vol. 1, *Humanities*, edited by Robert DiYanni and Anton Borst. Wiley-Blackwell, 2017.

———. *World and Time: Teaching Literature in Context*. Cambridge University Press, 2011.

Barthes, Roland. "Day by Day with Roland Barthes." In *On Signs*, edited by Marshall Blonsky. Johns Hopkins University Press, 1985.

———. "Toys." In *Mythologies*. Hill and Wang, 1957.

Beal, Timothy. *The Rise and Fall of the Bible*. Houghton Mifflin Harcourt, 2011.

Birkerts, Sven. *The Gutenberg Elegies*. Farrar, Straus and Giroux, 2006.

———. *Reading Life: Books for the Ages.* Graywolf Press, 2007.

Bloom, Harold. *How to Read and Why.* Scribner, 2001.

Borst, Anton. "A Shared Horizon: Critical Reading and Digital Natives." In *Critical Reading across the Curriculum*, vol. 1, *Humanities*, edited by Robert DiYanni and Anton Borst. Wiley-Blackwell, 2017.

Burke, Kenneth. *Counterstatement.* University of Chicago Press, 1957.

———. *Language as Symbolic Action.* University of California Press, 1966.

———. *The Philosophy of Literary Form.* 3rd ed. University of California Press, 1974.

Butler, Judith. "What Value Do the Humanities Have?" Graduation address, McGill University, May 30, 2013.

Calvino, Italo. *Why Read the Classics?* Mariner Books, 2014.

Carey, John. *What Good Are the Arts?* Oxford University Press, 2010.

Carr, Nicholas. *The Shallows.* Norton, 2011.

Chiasson, Dan. "Reader, I Googled It." *New Yorker*, August 26, 2019.

Coates, Ta-Nehisi. *Between the World and Me.* Spiegel and Grau, 2015.

Cofer, Judith Ortiz. "Casa." In *Silent Dancing.* Arte Publico, 1990.

Davis, Lydia. "The Story Is the Thing: Lucia Berlin's *A Manual for Cleaning Women*." In *Essays One.* Farrar, Straus and Giroux, 2019.

Davis, Philip. *Reading and the Reader.* Oxford University Press, 2014.

de Botton, Alain. *How Proust Can Change Your Life.* Pantheon, 1997.

Dehaene, Stanislas. *Reading in the Brain.* Penguin, 2010.

Didion, Joan. "Los Angeles Notebook." In *We Tell Ourselves Stories in Order to Live: Collected Nonfiction.* Knopf, 2006.

DiYanni, Robert, ed. *Literature: Reading Fiction, Poetry, Drama, and the Essay.* McGraw-Hill, 1986.

DiYanni, Robert, and Anton Borst, eds. *Critical Reading across the Curriculum.* vol. 1, *Humanities*. Wiley-Blackwell, 2017.

Doyle, Brian. "Joyas Voladoras." *American Scholar* 73, no. 4 (Autumn

2004).

Eaglestone, Robert. *Contemporary Fiction*. Oxford University Press, 2013.

Eagleton, Terry. *The Event of Literature*.Yale University Press, 2013.

Eliot, George. "The Natural History of German Life." CreateSpace, 2016.

Eliot, T. S. *Collected Poems 1909–1962*. Harcourt, Brace & World, 1963.

———. "The Metaphysical Poets." In *Selected Essays of T. S. Eliot*. Harcourt, Brace and World, 1964.

———. "Tradition and the Individual Talent." In *Selected Essays of T. S. Eliot*. Harcourt, Brace, and World, 1964.

Ellison, Ralph. "Living with Music." In *Shadow and Act*. Vintage, 1995.

Emerson, Ralph Waldo. "The American Scholar," "Nature," and "History." In *Essays and Lectures*. Library of America, 1983.

———. *Journals and Miscellaneous Notebooks*. Harvard University Press, 1960–1982.

Epstein, Joseph. "The Bookish Life." *First Things*, November 2018.

———. *A Literary Education and Other Essays*. Axios Press, 2014.

Felski, Rita. *Uses of Literature*. Blackwell, 2008.

Foer, Franklin. *World without End*. Penguin, 2017.

Fowles, John. *The Pleasure of Reading*. Edited by Antonia Fraser. Bloomsbury, 2015.

Frost, Robert. "Mending Wall." In *Collected Poems and Prose*, 776–778. Library of America, 1995.

Frye, Northrop. *The Educated Imagination*. Indiana University Press, 1964.

Gass, William. "In Defense of the Book." *Harper's*, November 1999; October 2018.

Geary, James, *I Is an Other: The Secret Life of Metaphor and How It Shapes the Way We See the World*. Harper Perennial, 2012.

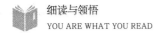

Giraldi, William. *American Audacity*. Liveright, 2018.

Goodman, Ellen. "The Company Man." In *Close to Home*. Simon and Schuster, 1979.

Gornick, Vivian. *Unfinished Business*. Farrar, Straus and Giroux, 2020.

Goulish, Matthew. *39 Microlectures*. Routledge, 2000.

Greene, A. Kendra. "For Eons, Iceland Has Endured Calamity through Books." *Wall Street Journal*, July 16, 2020.

Greene, Kiersten. "Text (ured) Considerations." In *Critical Reading across the Curriculum*, vol.2, *Social and Natural Sciences*, edited by Anton Borst and Robert DiYanni. Wiley-Blackwell, 2020.

Hales, Dianne. *La Bella Lingua*. Broadway Books, 2010.

Hamlin, Amy. "Approaching Intellectual Emancipation: Critical Reading in Art, Art History, and Wikipedia." In *Critical Reading across the Curriculum*, vol. 1, *Humanities*, edited by Robert DiYanni and Anton Borst. Wiley-Blackwell, 2017.

Hayles, N. Katherine. "How We Read: Hyper, Close, Machine." *ADE Bulletin* no. 150, 2010.

Hemingway, Ernest. *A Moveable Feast: The Restored Edition*. Scribner, 2010.

Hoagland, Edward. *The Tugman's Passage*. Random House, 1982.

Hoy, Pat C. II. "Reading and Writing: Reciprocal Arts." In *Critical Reading across the Curriculum,* vol. 1, *Humanities*, edited by Robert DiYanni and Anton Borst. Wiley-Blackwell, 2017.

Hughes, Langston. "Dream Deferred." In *The Panther and the Lash*. Random House, 1951.

———. "Salvation." In *The Big Sea*. Hill and Wang, 1940.

Hurston, Zora Neale. "How It Feels to Be Colored Me." *The World Tomorrow*, May 1928.

Iser, Wolfgang. *The Act of Reading*. Johns Hopkins University Press, 1980.

——.*How to Do Theory*. Blackwell, 2006.

——. *The Implied Reader*. Johns Hopkins University Press, 1978.

Jacobs, Alan. *The Pleasures of Reading in an Age of Distraction*. Oxford University Press, 2011.

James, Henry. *Theory of Fiction*. Edited by James E. Miller, Jr. University of Nebraska Press, 1972.

Johnson, Samuel. *Major Works*. Oxford University Press, 2009.

Joyce, James. *Dubliners*. Edited by Terence Brown. Centennial Edition, Viking, 2014.

——. *Selected Letters of James Joyce*. Edited by Richard Ellmann. Faber and Faber, 1975.

Kaufman, Andrew D. *Give War and Peace a Chance*. Simon & Schuster, 2014.

Keats, John. *Complete Poems*. Edited by Jack Stillinger. Harvard University Press, 1978.

Kendall, Tim. *The Art of Robert Frost*.Yale University Press, 2013.

Kenko, Yoshida. *Essays in Idleness*.Translated by Donald Greene. Tuttle, 1981.

Klinkenborg, Verlyn. "Books to Have and to Hold." *New York Times*, August 11, 2013.

Lawrence, D. H. *Studies in Classic American Literature*. Penguin, 1990.

Leith, Sam. *Words like Loaded Pistols: Rhetoric from Aristotle to Obama*. Basic Books, 2012.

Lesser, Wendy. *Why I Read*. Farrar, Straus and Giroux, 2014.

Lewis, C. S. *The Reading Life*. Harper Collins, 2019.

Luzzi, Joseph. *In a Dark Wood*. Harper, 2015.

Manguel, Alberto. *A Reader on Reading*. Yale University Press, 2010.

Mead, Rebecca. *My Life in Middlemarch*, Crown, 2014.

Melville, Herman. *The Confidence Man*. Dover, 2017.

——.*Moby-Dick*. Library of America, 1983.

Mendelsohn, Daniel. *An Odyssey*. Knopf, 2017.

Mendelson, Edward. *The Things That Matter*. Pantheon, 2006.

Mikics, David. *Slow Reading in a Hurried Age*. Harvard University Press, 2013.

Montaigne, Michel. *The Complete Essays of Montaigne*. Translated by Donald Frame. Stanford University Press, 1957.

Moran, Joe. "A Pedant's Apology." In *First You Write a Sentence*. Viking, 2018.

Newkirk, Thomas. *The Art of Slow Reading*. Heinemann, 2012.

———. *Minds Made for Stories*. Heinemann, 2014.

O'Connor, Flannery. *Collected Works*. Library of America, 1988.

Olney, James. *Metaphors of Self*. Princeton University Press, 1972.

Orwell, George. "Shooting an Elephant," "Some Thoughts on the Common Toad." In *Essays*. Knopf, 2002.

Price, Leah. *What We Talk about When We Talk about Books*. Basic Books, 2019.

Reps, Paul. Compiler. *Zen Flesh, Zen Bones*. Tuttle, 1998.

Richardson, Robert D., ed. *First We Read, Then We Write*: *Emerson on the Creative Process*. University of Iowa Press, 2009.

Rilke, Rainer Maria, *The Selected Poetry of Rainer Maria Rilke*. Translated by Stephen Mitchell. Vintage, 1989.

Robinson, Marilynne. "The Brain Is Larger than the Sea." In *Light the Dark*, edited by Joe Fassler. Penguin, 2017.

Russo, Richard. "The Lives of Others." *Harper's Magazine*, June 2020.

Savarese, Ralph James. *Read It Feelingly*. Duke University Press, 2019.

Scholes, Robert. *Protocols of Reading*. Yale University Press, 1989.

———. *Textual Power*. Yale University Press, 1985.

Schwalbe, Will. *Books for Living*. Random House, 2016.

———. *The End of Your Life Book Club*. Vintage, 2013.

Scott, A. O. *Better Living through Criticism*. Penguin, 2016.

Seneca. *On the Shortness of Life*. Translated by John W. Basore. GLH Publishing, 2016.

Shakespeare, William. *The Tragedy of Julius Caesar*. In *The Riverside Shakespeare*, edited by G. Blakemore Evans et al. 2nd ed. Houghton Mifflin, 1997.

Shaw, Prue. *Reading Dante: From Here to Eternity*. Liveright, 2014.

Smiley, Jane. "Nobody Asked You to Write That Novel." In *Light the Dark*, edited by Joe Fassler. Penguin, 2017.

Smith, Ali. *Artful*. Penguin, 2014.

Smith, Zadie. *Feel Free*. Penguin, 2018.

Solnit, Rebecca. Introduction to *The Best American Essays 2019*. Mariner Books, 2019.

———. *Men Explain Things to Me*. Haymarket Books, 2014.

Sontag, Susan. "A Woman's Beauty: Put Down or Power Source." In *Sontag: Essays of the 1960s and 1970s*. Library of America, 2013.

Spiegelman, Willard. *Seven Pleasures*. Farrar, Straus and Giroux, 2009.

Thoreau, Henry David. *The Journal of Henry David Thoreau, 1837–1861*. New York Review Books Classics, 2009.

———. *Walden and Civil Disobedience*. Viking/Library of America, 1854/1983.

Tompkins, Jane. *Reading through the Night*. University of Virginia Press, 2018.

Turner, Mark. *The Literary Mind*. Oxford University Press, 1998.

Twain, Mark. *Adventures of Huckleberry Finn*. In *Mississippi Writings*. Viking/Library of America, 1982.

Walker, Alice. "In Search of Our Mothers' Gardens." In *In Search of Our Mothers' Gardens*. Harcourt, Brace Jovanovich, 1983.

Watson, Cecilia. *Semicolon*. Ecco, 2019.

White, E. B. "Moonwalk," Notes and Comment. *New Yorker*, July 26, 1969. © Conde Nast.

Whitehead, Colson. "City Limits." In *The Colossus of New York*. Anchor, 2004.

Whitman, Walt. *Poems and Prose*. Library of America, 1982.

Williams, William Carlos. *Selected Poems*. New Directions, 1985.

Wills, Gary. *Rome and Rhetoric: Shakespeare's "Julius Caesar."* Yale University Press, 2011.

Wimmers, Inge. *Poetics of Reading*. Princeton University Press, 1988.

Winterson, Jeanette. *The Pleasure of Reading*. Edited by Antonia Fraser. Bloomsbury, 2015.

Wolf, Maryanne. *Proust and the Squid*. Harper, 2008.

——. *Reader, Come Home*. Harper, 2018.

Wood, James. *The Nearest Thing to Life*. Brandeis University Press, 2015.

Wood, Michael. *Literature and the Taste of Knowledge*. Cambridge University Press, 2005.

Woolf, Virginia. "George Eliot." In *Essays of Virginia Woolf*, vol. 4, 1925–1928. Houghton Mifflin Harcourt, 1994.

——. *Selected Essays*. Oxford University Press, 2009.

Wordsworth, William. Preface to *Lyrical Ballads*. In *Lyrical Ballads*, edited by F. Stafford. Oxford University Press, 1802/2013.

——. *Poetical Works*, edited by Thomas Hutchinson and Ernest De Selincourt. Oxford University Press, 1904/1974.

Wright, James. *Collected Poems*. Wesleyan University Press, 2007.

Yeats, William Butler. *The Collected Poems of W. B. Yeats*. Edited by Richard Finneran. Rev. 2nd ed.Scribner, 1996.